Fundamentos de Segurança da Informação

Com base na ISO 27001 e na ISO 27002

Jule Hintzbergen Kees Hintzbergen
André Smulders Hans Baars

Fundamentos de Segurança da Informação

Com base na ISO 27001 e na ISO 27002

Tradução:
Alan de Sá

BRASPORT

Editor: Sergio Martins de Oliveira
Diretora: Rosa Maria Oliveira de Queiroz
Gerente de Produção Editorial: Marina dos Anjos Martins de Oliveira
Revisão técnica: Alberto Oliveira, Bruno Salgado, Davidson Boccardo, Lucila Bento, Rafael Soares e Raphael Machado
Editoração Eletrônica: SBNigri Artes e Textos Ltda.
Capa: Use Design

Fundamentos de segurança da informação: com base na ISO 27001 e na ISO 27002 / Jule Hintzbergen...[et al.] ; tradução Alan de Sá. – Rio de Janeiro: Brasport, 2018.

Outros autores: Kees Hintzbergen, André Smulders, Hans Baars. Título original: Foundations of information security.

Bibliografia.

ISBN 978-85-7452-860-1

1. Centros de processamento de dados - Medidas de segurança 2. Computadores - Medidas de segurança 3. Informação - Sistemas de armazenagem e recuperação - Medidas de segurança 4. Informática - Medidas de segurança 5. Sistemas de informação gerencial - Medidas de segurança 6. Tecnologia da informação I. Hintzbergen, Jule. II. Hintzbergen, Kees. III. Smulders, André. IV. Baars, Hans.

17-11220 CDD-658.472

Índices para catálogo sistemático:
1. Ambientes de informações: Segurança: Administração de empresas 658.472
2. Segurança de informações: Administração de empresas 658.472

BRASPORT Livros e Multimídia Ltda.
Rua Teodoro da Silva, 536 A – Vila Isabel
20560-001 Rio de Janeiro-RJ
Tels. Fax: (21) 2568.1415/3497.2162
e-mails: **marketing@brasport.com.br**
vendas@brasport.com.br
editorial@brasport.com.br

site: **www.brasport.com.br**

Filial SP
Av. Paulista, 807 – conj. 915
01311-100 – São Paulo-SP

Prefácio

A palavra "segurança" tem, por natureza, uma sensação negativa associada a ela. Segurança é, na prática, aplicada apenas por um motivo: quando há o risco de as coisas não ocorrerem como deveriam. Neste livro, são explicados vários tópicos sobre a segurança de TI da forma mais simples possível, pois a segurança de TI é responsabilidade de todos, embora muitos usuários de TI não percebam isso.

Segurança não é algo novo e, de fato, as raízes da segurança de TI têm mais de 2.000 anos de idade. Por exemplo, os egípcios utilizavam hieróglifos não padronizados esculpidos em monumentos e os romanos inventaram a chamada cifra de César para criptografar mensagens. Além disso, a segurança física é muito antiga. Pense nas defesas e fortalezas antigas como a grande Muralha da China. Nos últimos anos a segurança física está cada vez mais dependente da TI, e a segurança física também é necessária para proteger a informação. Por isso, ambas estão juntas novamente.

A primeira edição deste livro foi publicada em 2011. O conteúdo foi desenvolvido em uma estreita colaboração com a EXIN. Originalmente, pretendia-se ser um livro de estudos para qualquer um que estivesse treinando para o exame de Fundamentos de Segurança da Informação da EXIN (com base na ISO/IEC 27002). Entretanto, também é adequado para quem quiser saber mais sobre o assunto, uma vez que você pode usá-lo como documento de conscientização para a segurança de TI. Este livro destina-se a ser lido por todos aqueles que querem saber mais sobre segurança de TI, mas também por pessoas que querem ter uma compreensão básica sobre a segurança de TI como alicerce para aprender mais.

A organização de Profissionais de Segurança da Informação da Holanda (PvIB) endossa este livro como um começo muito bom no mundo da segurança da informação. É uma leitura obrigatória.

Fred van Noord, Presidente da PvIB (*Platform voor Informatiebeveiliging*) <www.pvib.nl>.

Prefácio dos Autores

Esta terceira edição do livro pode ser usada para obter a certificação ISFS e difere da segunda edição por se basear nas normas ISO/IEC 27001:2013 e ISO/IEC 27002:2013.

A norma ISO 27001:2013 mudou para atender aos critérios mais recentes. Toda a estrutura de capítulos foi alterada para se adequar à nova abordagem padronizada das normas de gestão ISO. Além disso, a norma não se concentra apenas na organização que dela faz uso, mas também nos parceiros externos.

A versão de 2013 da ISO/IEC 27001 permanecerá inalterada pelo menos até 2018. A abordagem global das normas de gestão foi alterada e a lista de controles foi modificada. Existem algumas alterações adicionais:

- Todas as normas de gestão possuem a mesma estrutura de capítulos.
- Há um processo para determinar o escopo correto do ISMS (*Information Security Management System*, em português, SGSI – Sistema de Gerenciamento de Segurança da Informação), através da compreensão do contexto da organização.
- Todas as definições estão agora incluídas na ISO 27000:2014.
- Existem definições para as métricas de suporte, tais como os recursos dedicados ao ISMS.
- Maior visibilidade das responsabilidades da liderança.
- O Apêndice A mudou para refletir os últimos desenvolvimentos na ISO/IEC 27002:2013.

Isso nos leva à ISO/IEC 27002:2013. Os controles têm grandes atualizações. Alguns foram agrupados, alguns foram removidos, alguns foram alterados e também há novos controles. O grupo ISO/IEC JTC 1/SC 27, que mantém as normas, criou um documento que mapeia as revisões de 2005 e de 2013 da ISO/IEC 27001 e da ISO/IEC 27002, e este documento pode ser obtido gratuitamente em: <http://www.jtc1sc27.din.de/sixcms_upload/media/3031/ISO-IECJTC1-SC27_N13143_SD3_FINAL_TEXT_REV_2_Oct2013.pdf>

Este documento será útil para as organizações que estão procurando as referidas modificações e pode ajudar durante o planejamento de atividades destinadas a alterar seus sistemas de gerenciamento de segurança da informação.

Os autores

Prefácio da Edição Brasileira

A gestão de recursos humanos na área de Segurança da Informação é uma atividade complexa. Por um lado, a Segurança da Informação é uma área dinâmica e altamente especializada, possuindo uma série de subáreas de conhecimento que demandam perfis de formação e atuação completamente distintos. Por outro lado, as formações acadêmicas tradicionais, tais como Computação, Engenharias e Administração, possuem foco nas disciplinas fundamentais, o que faz com que os profissionais necessitem ter seus conhecimentos complementados por meio de autoestudo, realização de treinamentos e experiências profissionais.

Por todas essas características, a atestação de competência em Segurança da Informação torna-se um desafio. E é aí que as chamadas "certificações profissionais" cumprem um importante papel. Certificações profissionais existem nos mais diversos campos do conhecimento, mas é na área de Segurança da Informação que elas alcançaram, possivelmente, a maior importância – justamente pelas razões que descrevemos anteriormente. Uma certificação bem escolhida permitirá que o profissional de formação geral seja adequadamente guiado e complemente seus conhecimentos e habilidades de acordo com as necessidades do mercado. Ao mesmo tempo, a certificação permite que uma organização contrate um profissional com a certeza de que ele domina os conhecimentos mínimos necessários para a execução das atividades para as quais foi contratado.

Nesse sentido, o livro "Fundamentos de Segurança da Informação" cumpre um importante papel ao atender à necessidade cada vez maior de profissionais que conheçam os "fundamentos" da Segurança da Informação e que saibam como aplicar tal conhecimento na execução de suas atividades do dia a dia, qualquer que seja a área de atuação, incluindo áreas não técnicas. Como o nome sugere, o livro "Fundamentos de Segurança da Informação" apresenta um conhecimento relevante para todo tipo de profissional, mas com o enfoque de um livro voltado para uma certificação: o livro é a base para a certificação *Information Security Foundation*, da certificadora internacional EXIN, cujo treinamento é oferecido no Brasil pela Clavis, responsável pela produção deste material no Brasil.

Acreditamos que a disponibilização do presente livro é um marco para a difusão de conhecimentos básicos de Segurança da Informação entre os mais diferentes tipos de profissional. O livro é escrito em linguagem acessível a não técnicos, permitindo que profissionais de áreas como gestão, auditoria, finanças, comercial, dentre outras, tenham acesso a conhecimentos de Segurança da Informação que, nos dias de hoje, são imprescindíveis a profissionais que manipulam informações sensíveis e cujo comprometimento pode trazer impactos ao negócio e à reputação de uma organização.

Ao final do livro, incluímos um posfácio em que apresentamos mais informações a respeito das certificações profissionais na área de Segurança da Informação. O leitor curioso poderá ir direto às últimas páginas deste livro para já conhecer os "próximos passos" a serem dados após dominar o conteúdo do livro. No mais, esperamos que o leitor aprecie este livro e que o seu conteúdo seja relevante para formar o profissional que inicia seus estudos em Segurança da Informação.

Bruno Salgado Guimarães

Davidson Rodrigo Boccardo

Lucila Maria de Souza Bento

Raphael Carlos Santos Machado

Agradecimentos da Segunda Edição

Este livro foi escrito partindo do ponto de vista de que uma compreensão básica sobre a segurança de TI é importante para todos. Tentamos colocar muitas informações neste livro sem entrar em muitos detalhes. Além disso, todos nós somos holandeses e não seríamos capazes de escrever este livro sem a ajuda dos revisores que nos ajudaram a melhorá-lo.

Gostaríamos de agradecer aos revisores que nos forneceram comentários valiosos sobre os textos que escrevemos. São eles, em ordem alfabética por sobrenome:

- Norman Crocker, Cronos Consulting, Silves, Portugal.
- Steven Doan, Schlumberger, Houston, Texas, EUA.
- James McGovern, The Hartford, Hartford, Connecticut, EUA.
- Prof. Pauline C. Reich, Waseda University School of Law, Tóquio, Japão.
- Bernard Roussely, Diretor, Cyberens Technologies & Services, Bordeaux, França.
- Tarot Wake, Invictus Security, Flintshire, Reino Unido.

Sumário

1. Introdução

Este livro é destinado a todos os indivíduos de uma organização que desejem ter um entendimento básico sobre segurança da informação. O conhecimento sobre segurança da informação é importante para todos os funcionários. Não faz diferença se você trabalha em uma organização com ou sem fins lucrativos, pois todas as organizações enfrentam riscos semelhantes.

Os funcionários precisam saber por que devem cumprir diariamente as regras de segurança. Os gerentes imediatos precisam ter esse entendimento, uma vez que são responsáveis pela segurança da informação no seu departamento. Esse conhecimento básico também é importante para todos os profissionais, incluindo os trabalhadores autônomos, que não possuem funcionários, visto que são responsáveis por proteger suas próprias informações. Certo grau de conhecimento também é necessário em casa. E, é claro, esse conhecimento constitui uma boa base para aqueles que têm em vista uma carreira como especialista de segurança da informação, seja como um profissional de Tecnologia da Informação (TI) ou um gerente de processos.

Todo mundo está envolvido com a segurança da informação, muitas vezes por meio de contramedidas de segurança. Essas contramedidas são, por vezes, impostas por normas regulatórias e às vezes implementadas por meio de normas internas. Considere, por exemplo, o uso de senha em um computador. Nós normalmente vemos tais medidas como um incômodo, uma vez que elas tomam o nosso tempo e nem sempre compreendemos do que elas nos protegem.

A segurança da informação é o caminho para encontrar o equilíbrio certo entre diversos aspectos:

- Os requisitos de qualidade que uma organização pode ter para a sua informação.

- Os riscos associados a esses requisitos de qualidade.
- As contramedidas que são necessárias para mitigar esses riscos.
- A garantia da continuidade do negócio em caso de um desastre.
- Se e quando relatar incidentes fora da organização.

1.1. O que é qualidade?

Primeiro você deve decidir o que pensa ser qualidade. Em seu nível mais simples, a qualidade responde a duas perguntas: "o que se quer?" e "como é que fazemos?". De forma adequada, o reduto da qualidade sempre foi a área de processos. Desde a ISO 9000 até os pontos mais altos da Gestão de Qualidade Total (GQT) ou *Total Quality Management* (TQM), os profissionais de qualidade especificam, medem, aprimoram e reinventam processos para garantir que as pessoas consigam o que querem. Então, onde estamos agora?

Existem tantas definições de qualidade quanto existem consultores de qualidade, mas as variações comumente aceitas incluem:

- 'Conformidade com os requisitos' – P.B. (Phil) Crosby (1926-2001).
- 'Adequação ao uso' – Joseph Juran (1904 – 2008).
- 'A totalidade das características de uma entidade que lhe confere a capacidade de satisfazer as necessidades explícitas e implícitas' – ISO 9001-2008.
- Modelos de qualidade para negócios, incluindo o Prêmio Deming, o modelo de excelência EFQM e o prêmio Baldrige.

O principal objetivo deste livro é prover capacitação para os estudantes que desejam realizar um exame básico de segurança. Este livro é baseado no padrão internacional ISO 27002:2013 e pode ser uma fonte de informações para o professor que queira questionar os alunos de segurança da informação quanto aos seus conhecimentos. Muitos dos capítulos incluem um estudo de caso. Com o objetivo de ajudar na compreensão e na coerência de cada assunto, esses estudos de caso incluem questões relacionadas às áreas cobertas nos capítulos relevantes. Também estão incluídos exemplos de eventos recentes que ilustram a vulnerabilidade da informação.

O estudo de caso começa em um nível bem básico e se desenvolve ao longo dos capítulos do livro. O ponto de partida é uma pequena livraria com poucos funcionários e poucos riscos. Durante os capítulos, o negócio se expande e, ao final, se torna uma grande empresa com 120 livrarias e uma grande loja virtual. Os riscos de negócio enfrentados por essa livraria se desenrolam ao longo do livro.

Este livro visa explicar as diferenças entre riscos e vulnerabilidades e identificar como as contramedidas podem ajudar a mitigar a maioria dos riscos. Devido ao seu caráter geral, este livro também é adequado para treinamentos de conscientização ou serve como livro de referência para campanhas de conscientização. Este livro se destina principalmente a organizações com ou sem fins lucrativos, mas os assuntos abordados também são aplicáveis ao ambiente doméstico cotidiano, bem como a companhias que não possuem pessoal ou departamento exclusivo de segurança da informação. Nessas situações, as diversas atividades de segurança da informação poderiam ser realizadas por uma única pessoa. Após ler o livro você terá um entendimento geral dos assuntos que englobam a segurança da informação. Você também saberá por que esses assuntos são importantes e apreciará os conceitos mais comuns da segurança da informação.

2. Estudo de Caso: Springbooks – Uma Livraria Internacional

2.1. Introdução

Para entender a teoria presente neste livro, será útil traduzi-la para uma situação prática. Na maioria dos casos o leitor obtém uma melhor compreensão da teoria quando ela é ilustrada por um estudo de caso prático.

Neste estudo de caso, usado ao longo de todos os capítulos deste livro, são incluídas questões relacionadas aos ensinamentos de cada capítulo.

Figura 2.1. Sede da Springbooks em Londres.

Este capítulo provê uma explicação introdutória ao estudo de caso. Descreveremos a criação da livraria, a história e os anos de crescimento até se tornar uma empresa internacional.

A Springbooks foi fundada em 1901. Durante a sua expansão para uma organização internacional que opera na Europa, a empresa teve que mudar e se ajustar ao seu ambiente. Boa parte disso foi a grande mudança ocorrida ao longo dos últimos cinquenta anos no fornecimento de informações. Como se pode imaginar, há uma grande diferença no controle de processos entre a época em que a Springbooks foi fundada em 1901, com o surgimento de Tecnologias da Informação e de Comunicações (TICs) (ou *Information and Communication Techniques* – ICT) durante as décadas de 1960 e 1970, até a crescente dependência das TICs dos dias de hoje. As TICs se tornaram uma das mais importantes ferramentas da Springbooks.

2.2. Springbooks

A Springbooks Ltd. (SB) é uma livraria que opera na Europa. É uma organização com 120 livrarias, a maioria das quais funcionando com base em franquias. No total, 50 dessas lojas pertencem à própria SB.

Figura 2.2. Organograma da Springbooks (1901-1931).

A SB foi fundada em 1901 quando Henry Spring abriu uma pequena loja em Bedrock-on-Thames, Reino Unido.

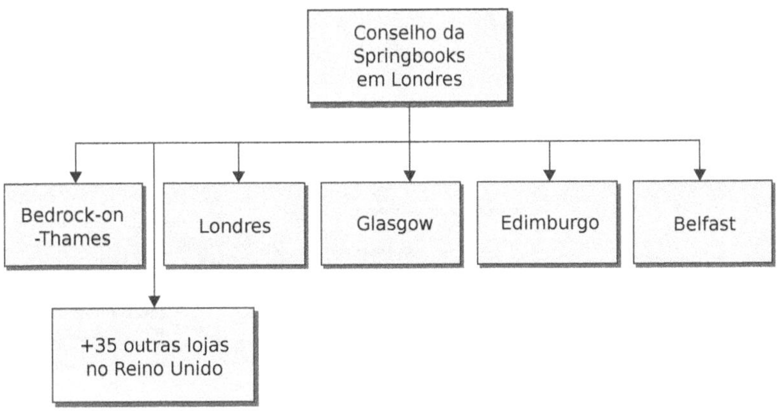

Figura 2.3. Organização da Springbooks (1938).

Ao longo do tempo 36 lojas foram criadas em todas as principais cidades do Reino Unido. Imediatamente após o fim da Segunda Guerra Mundial a SB estabeleceu livrarias em Amsterdã, Copenhague, Estocolmo, Bonn, Berlim e Paris.

Atualmente a SB possui lojas em todas as principais cidades da União Europeia (UE). O Conselho de Diretores fica nos escritórios de Londres. A sede europeia está em Amsterdã e todo país possui um escritório central. Todas as livrarias prestam contas ao seu escritório nacional. O escritório nacional presta contas à sede europeia em Amsterdã. A sede europeia, por fim, presta contas ao Conselho de Diretores em Londres.

Em 2000 foram feitos planos para expandir os negócios internacionais para EUA, Canadá, Austrália e Nova Zelândia. Entretanto, devido à crise bancária, esses planos não foram realizados, até a primavera de 2015, quando foram publicadas as ideias de expandir para a Austrália e Nova Zelândia.

A crise bancária teve um sério efeito sobre o valor das ações da SB. O fato é que a primeira coisa que as pessoas cortam é despesa com livros, jornais e revistas, os principais negócios da SB. Isso resultou na suspensão temporária dos planos de expansão para o mercado externo. Os planos de investimento em novas lojas estão congelados e a busca por novos mercados resultou em novos planos.

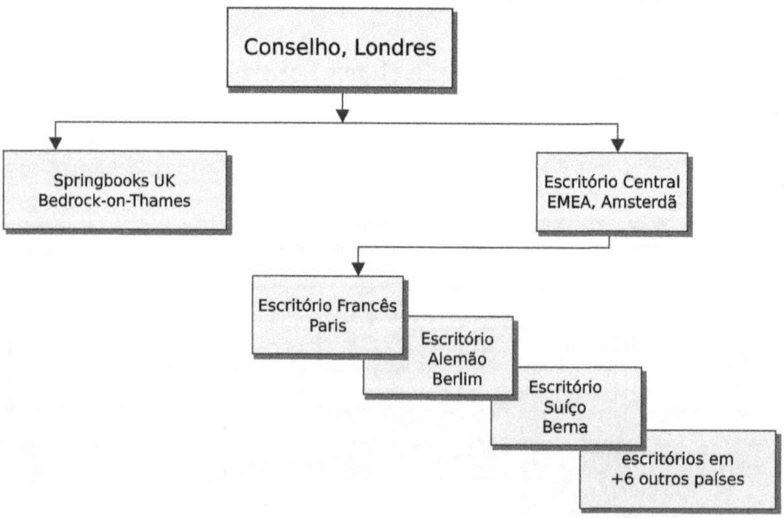

Figura 2.4. Organização da Springbooks (1946-2010).

O Conselho de Diretores por muito tempo adotou uma abordagem antiquada de negócio. A internet não era o seu jeito de fazer negócio.

Um grupo de consultoria independente havia recomendado que a SB lançasse lojas na Austrália e na Nova Zelândia para expandir em conjunto com as muito bem-sucedidas lojas "locais" da internet, as quais foram abertas na Austrália e na Nova Zelândia em 2014.

Organização:

Londres, Reino Unido:

Na sede de Londres estão o Conselho de Diretores e os Diretores Gerais de Informação (CIO), Financeiro (CFO), de Compras (CPO) e Executivo (CEO).

Cada país possui um escritório central, que é responsável pelos negócios naquele país específico. O Diretor de cada país é responsável perante o Diretor de Unidade pela sua região específica.

Bedrock-on-Thames, Reino Unido:

O Diretor do Reino Unido (o Reino Unido não pertence à UE) é responsável pelas livrarias do Reino Unido. Também há um CIO, CEO, CFO e um Encarregado de Segurança da Informação Local, ou *Local Information Security Officer* (LISO).

Amsterdã, Holanda:

Diretor da UE (UE sem o Reino Unido), UE CIO, CEO, CFO, CPO, LISO e o Diretor Corporativo de Segurança da Informação, ou *Corporate Information Security Officer* (CISO).

A área de TI é organizada de forma centralizada. Há uma *Wide Area Network* (WAN) a qual todas as lojas estão conectadas. A WAN da Springbooks é uma rede de computadores que cobre uma grande área. Ela contrasta com as *Local Area Networks* (LANs) das livrarias, que são limitadas a uma única edificação. As caixas registradoras estão conectadas à WAN. Todo livro vendido é escaneado na caixa registradora e registrado em uma base de dados central. Isso permite acompanhar a evolução do estoque em tempo real, em qualquer (parte do) dia. Ao atualizar o estoque com base nas vendas, a Springbooks pode garantir que tem sempre os livros populares em estoque. A velocidade de reposição do estoque depende da popularidade do livro, é claro.

Todo funcionário possui seu próprio ID, que é usado para fazer o login no sistema das caixas registradoras. Todo livro vendido é associado ao empregado que gerou a fatura. Na mesma base de dados há muitas informações de clientes armazenadas, tais como nomes, endereços e informações de cartão de crédito.

Todas as informações relativas aos clientes, armazenadas no ambiente de TI da Springbooks, tornam muito importante a segurança da informação e a conformidade com as leis (nacionais) de privacidade. A divulgação inesperada e não autorizada da base de dados de clientes pode ter enormes consequências para a confiabilidade da Springbooks.

A Springbooks possui uma organização de segurança da informação parcialmente centralizada. A principal maneira de realizar (ou tratar) de segurança da informação é através da sede em Londres. A ISO 27001 e a ISO 27002 são as normas a serem utilizadas em todos os países.

Em Londres há um Gerente Corporativo de Segurança da Informação com a responsabilidade de organizar a segurança da informação na empresa. Ele garante que a segurança da informação seja parte do trabalho diário de todos os funcionários da Springbooks.

Fica a cargo dos escritórios locais garantir o cumprimento das leis e dos regulamentos. Esse elemento descentralizado pode ter impacto na forma como a segurança da informação deve ser organizada localmente.

O Encarregado de Segurança da Informação Local (*Local Information Security Officer* – LISO) do país é responsável pela adesão às regras centrais e nacionais. Ele também é responsável pela segurança física das livrarias e pela saúde, segurança e meio ambiente dos empregados das livrarias. No Reino Unido, próximo ao CIO, o LISO é responsável pela segurança da informação das livrarias situadas na região.

Toda livraria possui um ponto focal de segurança da informação. Este é um funcionário responsável pela segurança da informação na loja e ponto de contato para o LISO "nacional".

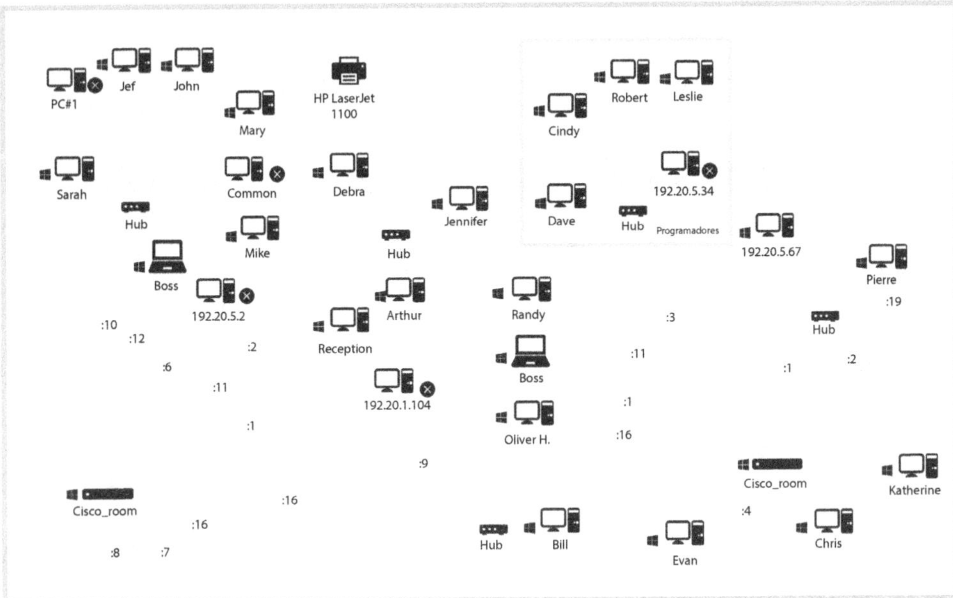

Figura 2.5. Conexões de dados entre as livrarias estão aumentando de velocidade.

3. Definições e Conceitos de Segurança

O Capítulo 3 na nova ISO 27001:2013 declara que todos os termos e definições foram transferidos para a ISO 27000:2014. Consequentemente, todas as definições deixaram de ser incluídas na ISO 27001:2013. A ISO/IEC 27000:2014 é o primeiro volume de toda a família de normas ISO 27000. Ela contém uma visão geral dessa família de normas e explica as definições dos termos usados nas referidas normas, as quais são todas focadas na tecnologia da informação, nas técnicas de segurança e nos sistemas de gestão de tecnologia da informação. Veja o Apêndice B para uma visão geral de todas as normas da série ISO 27000.

As definições a seguir são explicadas na ISO 27000 ou são mencionadas na ISO 27000:2014; elas derivam, no entanto, de outras normas ISO. O objetivo dessa abordagem é criar um entendimento comum sobre termos e definições. O objetivo da ISO é evitar confusões quanto a tais termos e definições. Por exemplo, um ativo é qualquer item que tenha valor para a organização. Isso significa que em toda norma, seja qual for o seu assunto, é usada a mesma definição de ativo.

Neste capítulo provemos as definições dos principais conceitos usados neste livro. No final deste livro há também um vasto glossário.

Antes de entrarmos nas definições e nos conceitos de segurança, há uma breve introdução sobre as mais recentes normas de gestão da ISO, juntamente com algumas informações sobre as principais mudanças que ocorreram nas últimas normas de gestão da ISO.

Em 2012 foi publicado o Anexo SL, "Propostas para normas de sistemas de gestão" (*Proposals for management system standards*), que dá orientações sobre como devem ser definidas as normas de gestão ISO. De fato, o Anexo SL fornece requisitos implícitos sobre os capítulos a serem incluídos em uma norma de gestão. O resultado é uma grande mudança entre a ISO 27001:2005 e a ISO 27001:2013. Os benefícios dessas mudanças são o alinhamento entre diferentes normas de gestão, as quais terão sempre o mesmo formato, e o uso das mesmas definições e dos mesmos conceitos. Por exemplo, a definição de responsabilidade é idêntica nas normas para segurança da informação, gestão da informação e gestão de continuidade de negócios.

3.1. Definições

Ação preventiva

Ação para eliminar a causa de uma potencial não conformidade ou outra potencial situação indesejável.

Aceitação do risco

A decisão de aceitar um risco.

Ameaça

Causa potencial de um incidente indesejado, a qual pode resultar no dano a um sistema ou organização.

Análise da informação

A análise da informação proporciona uma clara imagem de como uma organização manuseia a informação - como a informação "flui" pela organização.

Análise de riscos

Um processo para compreender a natureza do risco a fim de determinar o seu nível. Uma análise de riscos proporciona a base para a estimativa do risco e para as decisões sobre o tratamento do risco. A análise de riscos inclui a estimativa do risco.

Ataque

Uma tentativa de destruir, expor, alterar, inutilizar, roubar ou obter acesso não autorizado a, ou fazer uso não autorizado de, um ativo.

Ativo

Qualquer coisa que tenha valor para a organização. Esta é uma definição ampla, você pode pensar em instalações, informação, software, hardware, serviços impressos (papéis), mas também em pessoas, habilidades, experiência e coisas intangíveis, como reputação e também imagem.

Autenticidade

Propriedade de uma entidade ser o que afirma que é.

Avaliação do risco

A avaliação do risco é o processo geral de identificação do risco, análise do risco e estimativa do risco.

Confiabilidade

Propriedade de consistência dos comportamentos e resultados desejados.

Confidencialidade

Propriedade em que a informação não é disponibilizada ou divulgada para pessoas, entidades ou processos não autorizados.

O conceito de confidencialidade busca prevenir a divulgação intencional ou não intencional do conteúdo de uma mensagem. A perda de confidencialidade pode ocorrer de diversas maneiras, tais como pela divulgação intencional de uma informação privada de uma empresa ou pelo mau uso das credenciais de acesso à rede.

Controle

Meios de gerenciar o risco, incluindo políticas, procedimentos, diretrizes e práticas ou estruturas organizacionais, que podem ser de natureza administrativa, técnica, gerencial ou legal, que modifiquem o risco à segurança da informação.

É possível que os controles nem sempre exerçam os pretendidos ou assumidos efeitos de mudança, e o controle também é usado como sinônimo para salvaguarda ou contramedida.

Diretriz

Descrição que esclarece o que deve ser feito, e como, para alcançar os objetivos definidos nas políticas.

Disponibilidade

Propriedade de ser acessível e utilizável sob demanda por uma entidade autorizada.

O texto formal anterior assegura o acesso confiável e em tempo oportuno a dados ou recursos de computação pelo pessoal apropriado. Em outras palavras, a disponibilidade garante que os sistemas estão ativos e funcionando quando necessário. Adicionalmente, este conceito garante que os serviços de segurança, que o profissional de segurança requer, estão em perfeito funcionamento. Mais informações podem ser encontradas no Capítulo 4.

Estimativa do risco

É o processo de comparar os resultados de análise do risco com um critério de risco a fim de determinar quando o risco e/ou sua magnitude é aceitável ou tolerável.

Evento de segurança da informação

Ocorrência identificada de um estado de um sistema, serviço ou rede que indique uma possível violação da política de segurança da informação ou falha de proteção, ou uma situação previamente desconhecida que possa ser relevante em termos de segurança.

Exposição

Exposição é a circunstância de estar exposto aos prejuízos oriundos de um agente ameaçador.

Gerenciamento de riscos

Atividades coordenadas para direcionar e controlar uma organização no que diz respeito ao risco.

Gestão da informação

A gestão da informação descreve os meios pelos quais uma organização eficientemente planeja, coleta, organiza, usa, controla, dissemina e descarta sua informação, e através da qual garante que o valor dessa informação é identificado e explorado em toda a sua extensão.

Gestão de incidentes de segurança da informação

Processos para detectar, reportar, avaliar, responder, lidar e aprender com os incidentes de segurança da informação.

Gestão de segurança da informação

Atividades coordenadas para dirigir e controlar uma organização no que se refere ao risco. O gerenciamento do risco tipicamente inclui a avaliação do risco, o tratamento do risco, a aceitação do risco e a comunicação do risco.

Identificação do risco

É o processo de encontrar, reconhecer e descrever riscos. A identificação do risco envolve a identificação das suas fontes, eventos, causas e suas potenciais consequências.

A identificação do risco também pode envolver dados históricos, análise teórica, opiniões, pareceres fundamentados e de especialistas, e necessidades das partes interessadas.

Incidente de segurança da informação

Um incidente de segurança da informação é indicado por um único ou uma série de eventos de segurança da informação, indesejáveis ou inesperados, que tenham uma probabilidade significativa de comprometer a operação dos negócios e ameacem a segurança da informação.

Informação

Informação é o dado que tem significado em algum contexto para quem o recebe. Quando informação é inserida e armazenada em um computador, ela é geralmente referida como dado. Após processamento (tal como formatação e impressão), o dado de saída pode ser novamente percebido como informação.

Instalações de processamento de informações

Qualquer sistema de processamento de informações, serviço ou infraestrutura, ou os locais físicos que as abriguem.

Integridade

Propriedade de proteger a exatidão e a integridade dos ativos.

O conceito de integridade assegura que sejam prevenidas modificações não autorizadas ao software e ao hardware, que não sejam feitas modificações não autorizadas aos dados, por pessoal autorizado ou não autorizado e/ou processo, e que o dado seja internamente e externamente consistente.

Não repúdio

Habilidade de provar a ocorrência de um suposto evento ou ação e suas entidades de origem.

Política

A intenção e orientação geral formalmente expressa pela administração.

Procedimento

Forma específica de conduzir uma atividade ou processo.

Processo

Conjunto de atividades inter-relacionadas ou interativas que transformam entradas em saídas.

Processo de gerenciamento de riscos

É a aplicação sistemática de políticas de gerenciamento, procedimentos e práticas às atividades de comunicar, consultar, estabelecer o contexto e identificar, analisar, avaliar, tratar, monitorar e revisar o risco.

A ISO/IEC 27005:2011, que é a norma ISO para o gerenciamento do risco à segurança da informação, usa o termo "processo" para descrever todo o gerenciamento de riscos. Os elementos dentro do processo de gerenciamento de riscos são denominados "atividades".

Responsabilidade

Atribuição de ações e decisões a uma entidade.

Risco

Efeito da incerteza sobre os objetivos.

É a combinação da probabilidade de um evento e sua consequência. Um efeito é um desvio do que é esperado, o qual pode ser positivo e/ou negativo.

Os objetivos podem ter diferentes aspectos (tais como financeiro, saúde e segurança, segurança da informação e metas ambientais) e podem ser aplicados em diferentes níveis (tais como estratégico, em toda a organização, projeto, produto e processo). Um risco é frequentemente caracterizado pela referência a potenciais eventos e consequências, ou uma combinação destes.

O risco à segurança da informação é muitas vezes expresso em termos de uma combinação entre as consequências de um evento de segurança da informação e a sua probabilidade de ocorrência.

Incerteza é o estado, mesmo que parcial, de deficiência da informação relacionada a compreensão ou conhecimento de um evento, sua consequência ou probabilidade.

O risco à segurança da informação está associado ao potencial de ameaças explorarem vulnerabilidades de um ativo de informação ou grupo de ativo de informações e, desse modo, causar danos a uma organização.

Risco residual

Risco que permanece após o tratamento do risco. O risco residual pode conter riscos não identificados e também pode ser conhecido como "risco retido".

Segurança da informação

Preservação da confidencialidade, integridade e disponibilidade da informação. Adicionalmente, outras propriedades, tais como autenticidade, responsabilidade, não repúdio e confiabilidade, também podem ser incluídas.

Traduzindo essa definição formal, podemos dizer que a segurança da informação é a proteção da informação contra uma ampla gama de ameaças, a fim de garantir a continuidade dos negócios, minimizar os riscos de negócio e maximizar o retorno sobre os investimentos e as oportunidades de negócio.

Sistema de gerenciamento da segurança da informação - SGSI (*Information Security Management System* - ISMS)

Parte do sistema total de gerenciamento, baseado em uma abordagem de riscos de negócio, para estabelecer, implementar, operar, monitorar, revisar, manter e melhorar a segurança da informação.

O sistema de gerenciamento inclui estrutura organizacional, políticas, atividades de planejamento, responsabilidades, práticas, procedimentos, processos e recursos.

Sistema de informação

Aplicação, serviço, recursos de tecnologia da informação ou qualquer outro componente de manejo da informação.

Em um sentido bem amplo, o termo sistema da informação é frequentemente usado para se referir à interação entre pessoas, processos, dados e tecnologia. Nesse sentido, o termo é usado para se referir não somente à Tecnologia da Informação e de Comunicações (TIC) que uma organização usa, mas também à forma como as pessoas interagem com essa tecnologia em apoio aos processos de negócio.

Terceiro

A pessoa que é reconhecida como sendo independente das outras partes envolvidas, até onde diz respeito o assunto em questão.

Tratamento de riscos

É o processo de seleção e implementação de medidas para modificar os riscos.

O tratamento de riscos pode envolver:

- Evitar o risco ao optar por não começar ou continuar com a atividade que dá origem ao risco.
- Tomar ou elevar o risco a fim de perseguir uma oportunidade.

- Remover a fonte de risco.
- Alterar a probabilidade.
- Alterar as consequências.
- Dividir o risco com um terceiro ou terceiros (incluindo contratos e financiamento do risco).
- Manter o risco através de uma escolha consciente.

Tratamentos de riscos que lidam com consequências negativas são por vezes referenciados como "mitigação de riscos", "eliminação de riscos", "prevenção de riscos" e "redução de riscos". O tratamento de riscos pode criar novos riscos ou modificar riscos existentes.

Vulnerabilidade

Fraqueza de um ativo ou controle que pode ser explorada por uma ou mais ameaças.

3.2. Conceitos de segurança

Após ler as definições do item anterior você já deve ter uma ideia acerca dos conceitos usados na família de normas ISO 27000.

Para entender como a segurança pode ser gerenciada, diversos conceitos importantes devem ser explicados primeiro. "Vulnerabilidade", "ameaça", "risco" e "exposição" são termos frequentemente usados para representar a mesma coisa, mesmo que tenham diferentes significados e relações entre si. É importante entender a definição de cada palavra, mas mais importante ainda é entender as suas relações com outros conceitos.

Antes de começarmos a definir uma estratégia de segurança, precisamos saber o que estamos protegendo e do que estamos protegendo. A metodologia que empregamos para nos ajudar a obter algum conhecimento sobre isso é chamada de análise do risco. Existem várias formas de realizar uma análise do risco. Discutiremos diversas a seguir.

Requisitos de segurança são identificados através de uma avaliação metódica de riscos de segurança. As despesas com controles devem ser equilibradas de acordo com os danos, resultantes de falhas de segurança, mais prováveis de ocorrer no negócio.

Os resultados da avaliação do risco ajudarão a guiar e a determinar a ação apropriada de gestão e as prioridades para gerenciar os riscos de segurança da informação e para implementar os controles escolhidos para proteção contra riscos e ameaças.

A avaliação do risco (análise do risco) deve ser repetida periodicamente para tratar qualquer mudança que possa influenciar os resultados da avaliação do risco.

A segurança da informação é alcançada através da implementação de um conjunto adequado de controles, incluindo políticas, processos, procedimentos, estruturas organizacionais e funções de software e hardware. Esses controles precisam ser estabelecidos, implementados, monitorados, revisados e melhorados, onde necessário, para assegurar que os objetivos específicos de segurança e do negócio da organização sejam atendidos. Isso deve ser feito em conjunto com outros processos de gerenciamento de negócio.

A abordagem de processo para a gestão da segurança da informação apresentada na ISO 27002:2013, "Código de prática para a segurança da informação" (*Code of practice for information security*), inclui a importância de:

A. Compreender os requisitos de segurança da informação da organização e a necessidade de estabelecer políticas e objetivos para a segurança da informação.

B. Implementar e operar controles para gerenciar os riscos de segurança da informação da organização no contexto dos riscos gerais de negócio da organização.

C. Monitorar e revisar o desempenho e a eficácia do Sistema de Gerenciamento de Segurança da Informação (*Information Security Management System* - ISMS).

D. Melhoria contínua baseada em medições objetivas.

A informação e os processos de apoio, os sistemas e as redes são ativos de negócio importantes.

Definir, alcançar, manter e melhorar a segurança da informação pode ser essencial para manter a vantagem competitiva, o fluxo de caixa, a rentabilidade, a observância da lei e a imagem comercial.

As organizações e seus sistemas de informação e redes enfrentam ameaças de segurança provenientes de um amplo leque de fontes, incluindo fraudes assistidas por computador, espionagem, sabotagem, vandalismo, incêndio ou inundação. As causas de danos, como códigos maliciosos, atividades de *hacking* em computadores e ataques de negação de serviço (ou *denial-of-service*) se tornaram mais comuns, mais ambiciosas e cada vez mais sofisticadas.

A segurança da informação é importante tanto para os negócios públicos quanto para o setor privado, e para proteger infraestruturas críticas. Em ambos os setores a segurança da informação funcionará como uma facilitadora – por exemplo, para realizar *e-government* ou *e-business* e para evitar ou reduzir os riscos relevantes.

A interconexão de redes públicas e privadas e o compartilhamento dos recursos de informação aumentam a dificuldade de se conseguir controle de acesso.

3.3. Princípios fundamentais da segurança

As definições de confidencialidade, integridade e disponibilidade já foram explicadas. Agora, daremos uma olhada mais aprofundada.

Um programa de segurança pode ter diversos objetivos, grandes e pequenos, mas os princípios mais importantes em todos os programas de segurança são a confidencialidade (exclusividade), integridade e disponibilidade. Estes são referidos como o triângulo CIA. O nível de segurança requerido para executar esses princípios é diferente para cada empresa, pois cada uma tem sua própria combinação de objetivos e requisitos de negócio e de segurança. Todos os controles de segurança, mecanismos e proteções são implementados para prover um ou mais desses princípios, e todos os riscos, ameaças e vulnerabilidades são medidos pela sua capacidade potencial de comprometer um ou todos os princípios do triângulo CIA. A Figura 3.1 ilustra o triângulo CIA.

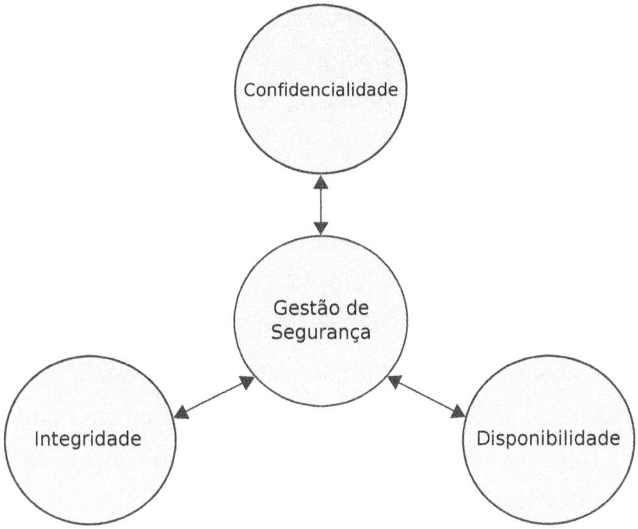

Figura 3.1. O triângulo CIA.

Confidencialidade, integridade e disponibilidade são princípios críticos de segurança. Você deve compreender o seu significado, como eles são providos por diferentes mecanismos e como a sua ausência pode afetar negativamente um ambiente. Tudo isso o ajuda a identificar melhor os problemas e a fornecer soluções adequadas.

3.4. Confidencialidade

A confidencialidade, também chamada de exclusividade, se refere aos limites em termos de quem pode obter que tipo de informação. Por exemplo, os executivos podem estar preocupados com a proteção dos planos estratégicos de sua empresa em relação aos concorrentes; as pessoas, por outro lado, estão preocupadas com o acesso não autorizado aos seus registros financeiros.

A confidencialidade assegura que o nível necessário de sigilo seja aplicado em cada elemento de processamento de dados e impede a divulgação não autorizada. Esse nível de confidencialidade deve prevalecer enquanto os dados residirem em sistemas e dispositivos na rede, quando forem transmitidos e quando chegarem ao seu destino.

A confidencialidade pode ser fornecida através da criptografia de dados à medida que são armazenados e transmitidos, usando preenchimento de tráfego na rede (*traffic padding*), estrito controle de acesso, classificação dos dados e treinamento de pessoal nos procedimentos apropriados.

São exemplos de medidas de confidencialidade:

- O acesso à informação é concedido com base na "necessidade de conhecer". Não é necessário, por exemplo, que um funcionário do departamento financeiro seja capaz de ver relatórios de discussões com clientes.
- Os funcionários tomam medidas para garantir que a informação não vá para pessoas que não necessitem dela. Eles asseguram, por exemplo, que nenhum documento confidencial seja deixado sobre suas mesas enquanto estão ausentes (política da mesa limpa).
- O gerenciamento de acesso lógico assegura que pessoas ou processos não autorizados não tenham acesso a sistemas automatizados, base de dados e programas. Um usuário, por exemplo, não tem o direito de alterar as configurações do PC.
- É criada uma separação de funções entre a organização de desenvolvimento do sistema, a organização de processamento e a organização do usuário. O desenvolvedor não pode, por exemplo, fazer qualquer modificação nos salários.
- São criadas separações estritas entre o ambiente de desenvolvimento, o ambiente de teste e aceitação, e o ambiente de produção.

No processamento e uso dos dados, são tomadas medidas para garantir a privacidade do pessoal e de terceiros.

O departamento de Recursos Humanos (RH) pode ter, por exemplo, sua própria unidade de rede que não é acessível a outros departamentos.

O uso de computadores por usuários finais é cercado de medidas, de forma que a confidencialidade da informação seja garantida.

Um exemplo é a autenticação dos usuários autorizados por meio de uma combinação entre a identificação do usuário (ID), a senha e, às vezes, um "token de resposta a um desafio" que cria uma senha de uso único (*one-time-password*) para cada sessão de login, que, por sua vez, dá acesso ao computador e à rede.

As camadas de rede são criptografadas, reduzindo a oportunidade de análise do tráfego. Ainda é possível, nessas condições, um atacante acessar o volume de tráfego na rede e observar o que entra e o que sai de cada sistema final. Uma contramedida para esse tipo de ataque é o preenchimento de tráfego (*traffic padding*).

O preenchimento de tráfego produz continuamente texto cifrado, mesmo na ausência de texto simples. Um fluxo contínuo de dados aleatórios é gerado. Quando um texto simples está disponível, ele é criptografado e transmitido. Quando não há um texto simples na entrada, dados aleatórios são criptografados e transmitidos.

Isso torna impossível para um atacante distinguir entre um fluxo de dados verdadeiro e um preenchimento de dados e, portanto, deduzir o volume de tráfego.

O preenchimento de tráfego é essencialmente uma função de criptografia de enlace. Se apenas a criptografia fim-a-fim for empregada, então as medidas disponíveis para o defensor são mais limitadas. Se a criptografia for empregada na camada de aplicação, então o oponente pode determinar a camada de transporte, o endereço da camada de rede e os padrões de tráfego, os quais permanecerão todos acessíveis.

3.5. Integridade

A integridade se refere a ser correto e consistente com o estado ou a informação pretendida. Qualquer modificação não autorizada de dados, quer deliberada ou acidental, é uma violação da integridade dos dados.

Por exemplo, é esperado que dados armazenados em disco sejam estáveis - não se espera que eles sejam alterados aleatoriamente por problemas com os controladores de disco. De forma similar, espera-se que os programas de aplicação gravem as informações corretamente e não introduzam valores diferentes dos desejados.

Donn Parker explica isso da seguinte forma: "minha definição para integridade da informação vem dos dicionários. Integridade significa que a informação é completa, perfeita e intacta (não necessariamente correta). Significa que nada está faltando na informação, ela está completa e em um desejado bom estado". A afirmação do autor se aproxima de dizer que a informação está em um estado... correto.

A informação pode ser incorreta ou não autêntica, mas possuir integridade, ou ser correta e autêntica, mas faltar integridade.

Ambientes que reforçam e fornecem esse atributo de segurança asseguram que atacantes, ou erros de usuários, não comprometam a integridade dos sistemas ou dados. Quando um atacante insere um vírus, uma bomba lógica ou um *backdoor*[1] em um sistema, a integridade do sistema é comprometida. Isso pode, por sua vez, afetar negativamente a integridade da informação contida no sistema através de corrupção, modificação maliciosa ou substituição de dados por dados incorretos. Controle de acesso estrito, detecção de intrusão[2] e *hashing*[3] podem combater essas ameaças. Veja a seção 12.5 para algumas definições.

Os usuários normalmente afetam o sistema ou a integridade de seus dados por erro (embora usuários internos também possam cometer atos maliciosos). Por exemplo, um usuário com disco rígido cheio pode involuntariamente apagar arquivos de configuração supondo equivocadamente que não haveria problema ao apagar o arquivo boot.ini[4], por não se lembrar de tê-lo usado em qualquer momento. Ou, por exemplo, um usuário pode inserir valores incorretos em uma aplicação de processamento de dados que acabe cobrando de um cliente $ 3.000.000,00 em vez de $ 300,00.

---

[1] Um *backdoor* em um sistema de computador (ou sistema de criptografia ou algoritmo) é um método para contornar a autenticação normal, garantir o acesso remoto a um computador, obter acesso a texto simples e assim por diante, enquanto tenta passar despercebido. O *backdoor* pode ter a forma de um programa instalado (por exemplo, *Back Orifice*) ou pode ser uma modificação em um programa existente ou em um dispositivo de hardware.

[2] Detecção de intrusão (*Intrusion Detection* - ID) é um tipo de sistema de gestão de segurança para redes e computadores. Um sistema ID reúne e analisa informações de várias áreas de um computador ou de uma rede para identificar possíveis violações de segurança, o que inclui tanto intrusões (ataques de fora da organização), quanto mau uso (ataques de dentro da organização). A ID usa a avaliação da vulnerabilidade (por vezes referida como *scanning*), que é uma tecnologia desenvolvida para estimar a segurança de um sistema de computador ou de uma rede.

[3] *Hashing* é a transformação de uma sequência de caracteres em uma sequência ou chave normalmente mais curta e de tamanho fixo que representa a sequência original. *Hashing* é usado para indexar e recuperar itens em uma base de dados, pois é mais fácil encontrar o item usando uma chave menor e transformada por *hashing* do que encontrá-lo usando o valor original. Isso também é usado em muitos algoritmos de criptografia.

[4] boot.ini é um arquivo de computador que contém opções de configuração para o menu de inicialização. Sem esse arquivo, ou com o arquivo corrompido, o computador não iniciará novamente.

Modificar incorretamente dados mantidos em banco de dados é outra forma comum de os usuários corromperem acidentalmente os dados, um erro que pode ter efeitos duradouros.

São exemplos de medidas de integridade:

- Mudanças em sistemas e dados são autorizadas. Por exemplo, um membro da equipe atribui um novo preço a um artigo no *website* e outro verifica a validade desse preço antes de ser publicado.
- Onde possível, são criados mecanismos que forcem as pessoas a usar o termo correto. Por exemplo, um cliente é sempre chamado de "cliente"; o termo "freguês" não pode ser inserido na base de dados.
- As ações dos usuários são gravadas (*logged*) de forma que possa ser determinado quem modificou a informação.
- Ações vitais para o sistema, como, por exemplo, a instalação de novo software, não podem ser conduzidas por uma só pessoa. Ao segregar funções, posições e autoridades, ao menos duas pessoas serão necessárias para realizar mudanças que tenham graves consequências.

A integridade dos dados pode ser garantida em grande parte por meio de técnicas de criptografia, o que protege a informação de acesso ou mudança não autorizada. Os princípios de política e de gestão para criptografia podem ser definidos em um documento de políticas separado.

3.6. Disponibilidade

As características de disponibilidade são:

- **Oportunidade:** a informação está disponível quando necessário.
- **Continuidade:** a equipe consegue continuar trabalhando no caso de falha.
- **Robustez:** existe capacidade suficiente para permitir que toda a equipe trabalhe no sistema.

Por exemplo, tanto uma falha de disco como um ataque de negação de serviço causam violação da disponibilidade. Qualquer atraso que exceda o nível de serviço esperado para um sistema pode ser descrito como uma violação da disponibilidade.

A disponibilidade do sistema pode ser afetada pela falha de um dispositivo ou software. Dispositivos de *backup* devem ser utilizados para substituir rapidamente os sistemas críticos, e funcionários devem ser qualificados e estar disponíveis para fazer os ajustes necessários para restaurar o sistema. Questões ambientais como calor, frio, umidade, eletricidade estática e contaminantes também podem afetar a disponibilidade do sistema. Sistemas devem ser protegidos contra esses elementos, devidamente aterrados e monitorados de perto.

Ataques de negação de serviço ou *Denial-of-Service* (DoS) são métodos populares que *hackers* usam para interromper a disponibilidade e a utilização do sistema de uma empresa. Esses ataques são montados para impedir os usuários de acessar recursos e informações do sistema. Para se proteger desses ataques, apenas os serviços e portas necessárias devem estar disponíveis nos sistemas, e sistemas de detecção de intrusão (*Intrusion Detection Systems* – IDS) devem monitorar o tráfego da rede e a atividade das máquinas.

Certas configurações de roteadores e *firewalls* também podem reduzir a ameaça de ataques DoS e possivelmente impedi-los de acontecer.

Exemplos de medidas de disponibilidade incluem:

- A gestão (e o armazenamento) de dados é tal que o risco de perder informações seja mínimo.
- O dado é, por exemplo, armazenado em um disco de rede, e não no disco rígido do PC.
- Os procedimentos de *backup* são estabelecidos. Os requisitos legais de quanto tempo os dados devem ser armazenados são levados em conta. A localização do *backup* é separada fisicamente do negócio, a fim de garantir a disponibilidade nos casos de emergência.
- Os requisitos legais sobre quanto tempo os dados devem ser mantidos armazenados variam de país para país na União Europeia, nos EUA e em outros lugares. É importante checar as agências reguladoras individuais do governo para requisitos específicos.

Procedimentos de emergência são estabelecidos para garantir que as atividades possam ser recuperadas o mais breve possível após uma interrupção de grande escala.

3.7. Hexagrama Parkeriano

O hexagrama Parkeriano, ou *Parkerian hexad*, é um conjunto de seis elementos da segurança da informação proposto por Donn B. Parker.

O termo foi cunhado por M. E. Kabay. O hexagrama Parkeriano soma mais três atributos aos três atributos clássicos de segurança do triângulo CIA (confidencialidade, integridade, disponibilidade - ou *confidentiality, integrity, availability*).

Em segurança da informação, um *backup* ou o processo de fazer *backup* se refere a fazer cópias dos dados de forma que essas cópias adicionais possam ser usadas para restaurar o original após um evento de perda de dados. Essas cópias adicionais são tipicamente chamadas de "backups". Em inglês, o verbo é *back up*, em duas palavras, enquanto o substantivo é *backup* (muitas vezes usado como um adjetivo em substantivos compostos).

Os atributos do hexagrama Parkeriano são os seguintes[5]:

1. Confidencialidade.
2. Posse ou controle.
3. Integridade.
4. Autenticidade.
5. Disponibilidade.
6. Utilidade.

Esses atributos da informação são atômicos, no sentido de que não são divididos em outras partes constituintes; eles não se sobrepõem, já que se referem a aspectos únicos da informação. Qualquer violação da segurança da informação pode ser descrita como aquilo que afeta um ou mais desses atributos fundamentais da informação. Confidencialidade, integridade e disponibilidade foram mencionadas anteriormente.

3.8. Risco

Um risco é a probabilidade de um agente ameaçador tirar vantagem de uma vulnerabilidade e o correspondente impacto nos negócios. Se um *firewall* tem diversas portas abertas, há uma maior probabilidade de um invasor usar uma

[5] <http://en.wikipedia.org/wiki/Parkerian_Hexad>.

delas para acessar a rede de forma não autorizada. Se os usuários não forem treinados nos processos e procedimentos, haverá uma maior probabilidade de um funcionário cometer um erro, intencional ou não, que possa destruir dados. Se um sistema de detecção de intrusão não for implementado na rede, haverá maior probabilidade de um ataque não ser percebido até que seja tarde demais. O risco amarra a vulnerabilidade, a ameaça e a probabilidade de exploração ao impacto resultante nos negócios.

Na prática:

- Um incêndio pode surgir na sua empresa.
- Um funcionário que não trabalha no departamento de RH obtém acesso a informações sensíveis ou privadas.
- Alguém aparece como um funcionário e tenta obter informação.
- Sua empresa é atingida por uma falha de energia.
- Um *hacker* consegue obter acesso à rede de TI da empresa.

3.9. Ameaça

Uma ameaça é uma potencial causa de um incidente não desejado, o que pode resultar em prejuízo ao sistema ou à organização. A entidade que tira vantagem de uma vulnerabilidade é referida como agente ameaçador.

Um agente ameaçador pode ser um invasor acessando a rede através de uma porta no *firewall*, um processo acessando dados de uma forma que viole a política de segurança, um tornado destruindo uma instalação ou um funcionário cometendo um erro não intencional que pode expor informações confidenciais ou destruir a integridade de um arquivo. As ameaças diferem em cada país dependendo do nível de desenvolvimento e do uso da internet. A segurança da informação é importante para governos, universidades, militares, saúde, etc. Terrorismo e guerras também são ameaças à segurança.

3.10. Vulnerabilidade

Uma vulnerabilidade é uma fraqueza de um ativo ou grupo de ativos que pode ser explorada por uma ou mais ameaças. Uma vulnerabilidade caracteriza a ausência ou a fraqueza de uma proteção que pode ser explorada. Essa vulnerabilidade pode ser um serviço rodando em um servidor, aplicações ou sistemas operacionais desatualizados, acesso irrestrito para entrada de chamadas no modem, uma porta aberta no *firewall*, uma segurança física fraca que permita a qualquer pessoa entrar em uma sala de servidores ou a não aplicação de gestão de senhas em servidores e estações de trabalho.

3.11. Exposição

Uma exposição é a circunstância de estar exposto às perdas provenientes de um agente ameaçador. Uma vulnerabilidade expõe uma organização a possíveis ameaças. Se a gestão de senhas for fraca e as regras para senhas não forem aplicadas, a empresa fica exposta à possibilidade de ter a senha de usuários capturada e usada de forma não autorizada. Se uma empresa não tem seu cabeamento inspecionado e não estabelece medidas proativas de prevenção contra incêndios, ela se expõe a incêndios potencialmente devastadores.

3.12. Contramedida ou salvaguarda

Uma contramedida é posta em prática para mitigar o risco em potencial. Ela pode ser uma configuração de software, um dispositivo de hardware ou um procedimento que elimine a vulnerabilidade ou reduza a probabilidade de um agente ameaçador ser capaz de explorar a vulnerabilidade. Exemplos de contramedidas incluem a gestão de senhas fortes, um guarda de segurança, mecanismos de controle de acesso em sistemas operacionais, a implementação de senhas do *basic input/output system* (BIOS) e treinamento de conscientização sobre segurança.

Se uma empresa possui um software antivírus, mas não mantém as assinaturas dos vírus atualizadas, isso é uma vulnerabilidade. A empresa está vulnerável a ataques de vírus. A ameaça é um vírus aparecer no ambiente e prejudicar a produtividade. A probabilidade de um vírus surgir no ambiente e causar danos é o risco. Se um vírus se infiltrar no ambiente da empresa, então a vulnerabilidade foi explorada e a empresa está exposta à perda. A contramedida nessa situação é se prevenir de um ataque de vírus instalando um software antivírus em todos os computadores e, é claro, mantendo as assinaturas dos antivírus atualizadas.

3.13. Avaliando riscos de segurança

3.13.1. Gerenciamento de riscos segundo a ISO 27005

Gerenciamento de riscos é o processo de planejar, organizar, conduzir e controlar as atividades de uma organização visando minimizar os efeitos do risco sobre o capital e o lucro de uma organização.

Riscos podem surgir da incerteza do mercado financeiro, de falhas de projeto, de responsabilidades legais, de risco de crédito, de acidentes, de causas naturais e desastres, bem como de ataques deliberados de adversários. Diversos padrões de gerenciamento de riscos foram desenvolvidos, incluindo os do *Project Management Institute* (PMI), *National Institute of Science and Technology* (NIST) e padrões ISO. Métodos, definições e objetivos variam muito - por exemplo, se o método de gerência de riscos se encontra no contexto da gerência de projetos, segurança, engenharia, processos industriais, carteiras financeiras, avaliações atuariais ou segurança e saúde pública.

A estratégia de risco pode incluir transferir o risco para outra parte, evitar o risco, reduzir o efeito negativo do risco e aceitar algumas ou todas as consequências de um risco em particular.

Gerenciamento de riscos é um processo contínuo que se aplica a todos os aspectos dos processos operacionais. Em grandes organizações, a tarefa de monitorar esse processo é conduzida por um especialista em segurança da informação, tal como um Encarregado de Segurança da Informação (*Information Security Officer* - ISO) ou Chefe de Segurança da Informação (*Chief Information Security Officer* - CISO), que é designado especialmente para essa função e responsável pelo mais alto nível de gestão.

Requisitos de segurança da informação

É essencial que uma organização identifique seus requisitos de segurança. Existem três principais fontes de requisitos de segurança:

A. A avaliação dos riscos à organização, levando em conta a estratégia e os objetivos globais de negócio da organização. Por meio de uma avaliação do risco, as ameaças aos ativos são identificadas, a vulnerabilidade e a probabilidade de ocorrência são avaliadas e o potencial impacto é estimado.

B. Os requisitos legais, determinados por estatutos, regulamentos e contratos que uma organização, seus parceiros comerciais, contratantes e provedores de serviço têm que satisfazer, e seu ambiente sociocultural.

C. O conjunto de princípios, objetivos e requisitos de negócio para o manuseio, processamento, armazenamento, comunicação e arquivamento da informação que uma organização desenvolveu para apoiar suas operações.

Os recursos empregados na implementação de controles precisam ser equilibrados de acordo com os prejuízos de negócio que podem resultar de problemas de segurança na ausência de tais controles. O resultado da avaliação do risco irá ajudar a guiar e a determinar as ações de gestão adequadas e as prioridades para gerir os riscos da segurança da informação e a implementar os controles selecionados para proteger contra esses riscos.

A ISO/IEC 27005:2011 fornece orientações para a gestão de riscos de segurança da informação, incluindo recomendações sobre avaliação do risco, tratamento do risco, aceitação do risco, comunicação do risco, monitoramento do risco e revisão do risco.

3.13.2. Avaliação do risco

O capítulo 4 da ISO 27002:2005 foi dedicado inteiramente à avaliação do risco e ao tratamento do risco. Na ISO 27002:2013, a avaliação do risco e o tratamento do risco não são mais especificamente mencionados.

Esses conceitos são parte da abordagem completa do gerenciamento de riscos. O capítulo 6 da ISO 27002:2013, especialmente a seção 6.1.5, segurança da informação na gerência de projetos, afirma que os objetivos da segurança da informação estão incluídos nos objetivos do projeto. Uma avaliação do risco da segurança da informação é conduzida nas primeiras etapas do projeto para identificar os controles necessários, enquanto a segurança da informação é parte de todas as fases da metodologia de projeto aplicada.

Entretanto, é muito importante que a segurança da informação inicie bem no começo da fase de delineamento de qualquer projeto, a fim de alcançar a segurança pela concepção. Além disso, a avaliação do risco não deve ser limitada apenas a projetos.

Em um mundo ideal, a segurança da informação é parte das operações diárias. Todos os funcionários estão cientes da segurança e reconhecem as falhas de segurança. A segurança da informação é implementada em todos os sistemas e um alto nível de maturidade é alcançado.

Avaliações do risco devem identificar, quantificar e priorizar os riscos segundo critérios de aceitação do risco e objetivos que são relevantes para a organização. Os resultados devem guiar e determinar as prioridades e ações de gerência adequadas para gerir os riscos de segurança da informação e implementar os controles selecionados para proteger contra esses riscos. O processo de avaliação de riscos e seleção de controles pode ter de ser realizado um certo número de vezes para cobrir diferentes partes da organização ou sistemas de informação individuais.

A avaliação do risco deve incluir uma abordagem sistemática para estimar a magnitude dos riscos (análise do risco) e o processo de comparar o risco estimado em relação a um critério a fim de determinar a importância do risco (estimativa do risco).

As avaliações do risco também devem ser analisadas periodicamente para tratar de mudanças nos requisitos de segurança e nas situações de risco, por exemplo, em ativos, ameaças, vulnerabilidades, impactos, estimativa do risco e quando ocorrerem mudanças significativas. Essas avaliações do risco devem ser realizadas de maneira metódica, capaz de produzir resultados comparáveis e reprodutíveis.

A avaliação do risco da segurança da informação deve ter um âmbito claramente definido, a fim de ser eficaz, e deve incluir as relações com as avaliações de risco de outras áreas, se for o caso.

O âmbito de uma avaliação do risco pode ser toda a organização, partes da organização, um sistema de informação individual, componentes específicos do sistema ou serviços onde isso for viável, realista e útil.

3.13.3. Abordagem sobre a análise de riscos segundo a ISO 27005

"A análise de riscos é o processo de definir e analisar os perigos pelos quais indivíduos, empresas e agências governamentais passam em decorrência de potenciais eventos adversos naturais ou causados pelo homem."

Em TI, um relatório de análise de riscos pode ser usado para alinhar os objetivos relacionados à tecnologia com os objetivos de negócio da empresa. Um relatório de análise de riscos pode ser quantitativo ou qualitativo (veja as seções 3.13.4 e 3.13.5 para mais detalhes).

O objetivo de realizar uma análise de riscos é esclarecer quais ameaças são relevantes para os processos operacionais e identificar os riscos associados. O nível de segurança apropriado, juntamente com as medidas de segurança associadas, pode então ser determinado.

Uma análise de riscos é usada para garantir que as medidas de segurança sejam implantadas de forma economicamente eficiente e oportuna, fornecendo, com isso, uma resposta eficaz às ameaças.

Segurança como um estado ou condição é a resistência a danos. De uma perspectiva objetiva, é o verdadeiro grau (conceitual e nunca plenamente estabelecido) de resistência a danos de uma estrutura. Isso significa que o grau de resistência a danos pode variar dia após dia. Essa condição deriva da relação da estrutura (vulnerabilidade, distância, isolamento e proteção) com as ameaças em seu ambiente. De uma perspectiva subjetiva, a segurança é a percepção ou crença de que uma estrutura avaliada tem controles objetivos e suficientes. O significado subjetivo de segurança como a "libertação da ansiedade ou medo" ressoa na origem da palavra. O termo do latim "secura" significa literalmente "sem preocupação" ou "despreocupado".

A segurança como forma de proteção é feita de estruturas e processos que fornecem ou melhoram a sensação de segurança como condição. O *Institute for Security and Open Methodologies* (ISECOM) define segurança como "uma forma de proteção onde é criada uma separação entre os ativos e a ameaça".

Isso inclui, mas não está limitado a, exclusão do ativo ou da ameaça. Para ser seguro, ou o ativo é fisicamente removido da ameaça ou a ameaça é fisicamente removida do ativo.

Mesmo para especialistas em segurança experientes, não é fácil encontrar o equilíbrio certo entre medidas de segurança que são muito restritivas e aquelas que são ineficazes ou inadequadas. Uma grande quantidade de dinheiro é gasta em medidas de segurança desnecessárias, por não existir um conceito de segurança bem pensado como base. Uma análise de riscos pode proporcionar uma valiosa ajuda para se chegar a tal conceito.

Uma análise de riscos ajuda a empresa a avaliar corretamente os riscos e a estabelecer medidas de segurança corretas e equilibradas. A administração também pode identificar os custos que estão envolvidos na adoção das medidas adequadas.

Uma análise de riscos possui quatro objetivos principais:

1. Identificar os ativos e seus valores.
2. Determinar as vulnerabilidades e ameaças.
3. Determinar o risco de as ameaças se tornarem realidade e interromperem os processos operacionais.
4. Estabelecer um equilíbrio entre os custos de um incidente e os custos de uma medida de segurança.

Parte da análise de risco é uma avaliação de custo/benefício. Os custos anuais associados às medidas de segurança são comparados com as potenciais perdas que ocorreriam se as ameaças se tornassem realidade.

A organização deve tomar cuidado para evitar uma situação em que um servidor, incluindo os dados, vale € 100.000,00 e as medidas de segurança tomadas custam € 150.000,00. Dito isso, tais situações às vezes realmente acontecem. Exigências legais para a proteção de dados podem, por vezes, forçar as empresas a tomar medidas que realmente custem mais do que o valor dos ativos que estão sendo protegidos. Além disso, pode ser difícil determinar o valor dos dados.

Considere, por exemplo, se a base de dados de clientes da Springbooks contendo milhares de nomes, endereços e informações de cartão de crédito fosse divulgada de alguma forma não autorizada; o dano à reputação da Springbooks seria enorme.

É difícil calcular o dano causado, mas a confiança do cliente na Springbooks diminuiria imediatamente.

Como mencionado anteriormente, existem dois grupos principais de análises de riscos:

- Análise quantitativa do risco.
- Análise qualitativa do risco.

3.13.4. Análise quantitativa do risco

Uma análise quantitativa do risco tem como objetivo calcular, com base no impacto do risco, o nível do prejuízo financeiro e a probabilidade de uma ameaça se tornar um incidente. O valor de cada elemento em todos os processos operacionais é determinado. Esses valores podem ser compostos pelo custo das medidas de segurança, bem como pelo valor do próprio estabelecimento, incluindo itens como edifícios, hardware, software, informações e impacto dos negócios. Os intervalos de tempo antes de uma ameaça surgir, a eficácia das medidas de segurança e o risco de uma vulnerabilidade ser explorada também são elementos a serem considerados.

Dessa forma, é fornecida uma imagem clara do risco financeiro total e as medidas adequadas podem então ser determinadas. Uma parte importante disso é determinar quais riscos residuais são aceitáveis para os gestores responsáveis. Os custos das medidas não devem exceder o valor do objeto protegido e do risco.

Uma análise de riscos puramente quantitativa é praticamente impossível. Uma análise quantitativa do risco tenta atribuir valores a todos os aspectos, mas isso nem sempre é possível. Pode ser atribuído um valor a um servidor com defeito: por exemplo, o valor de compra e a depreciação do servidor, o valor do software que precisa ser instalado e o custo dos salários associados a todos os reparos. Todos esses valores podem ser determinados.

Mas tente dar um valor ao dano causado a uma empresa. Quanto uma empresa perde quando certos dados são perdidos? Pode ser possível determinar isso em algumas ocasiões, mas nem sempre. Isso pode tornar difícil determinar as medidas corretas para prevenir danos.

3.13.5. Análise qualitativa do risco

Outra abordagem da análise de risco é qualitativa, e aqui números e valores monetários não são atribuídos a componentes e perdas. Em vez disso, os métodos qualitativos caminham através de diferentes cenários de possibilidades de risco e classificam a gravidade das ameaças e a validade das possíveis contramedidas. As técnicas de análise qualitativa que podem ser utilizadas incluem bom senso, melhores práticas, intuição e experiência. Exemplos de técnicas qualitativas são Delphi, *brainstorming*, esboços sequenciais (*storyboarding*), grupos de discussão, pesquisas, questionários, listas de verificação, reuniões entre duas pessoas e entrevistas. A equipe de análise de riscos determinará a melhor técnica para as ameaças que precisam ser avaliadas, tendo em mente a cultura da empresa e os indivíduos envolvidos na análise.

Quando uma equipe realiza uma análise de riscos, ela reúne pessoal com experiência e conhecimento das ameaças sob avaliação. Este grupo é apresentado a um cenário que descreve as ameaças e as potenciais perdas, e cada membro então responde com sua intuição e experiência sobre a probabilidade da ameaça e a extensão do dano que pode resultar.

As análises quantitativa e qualitativa do risco têm, cada uma, suas vantagens e desvantagens. A administração, em consulta com especialistas, determina qual método deve ser aplicado em cada situação particular.

3.13.6. SLE, ALE, EF e ARO

SLE significa expectativa de perda singular, ou *single loss expectancy*, em inglês, e ALE significa expectativa de perda anual, ou *annualized loss expectancy*. A SLE é uma quantidade atribuída a um único evento, que representa a perda potencial da empresa se uma ameaça específica ocorresse: valor do ativo x fator de exposição (*exposure factor* – EF) = SLE.

O fator de exposição (EF) representa a percentagem de perda que uma ameaça ocorrida pode ter sobre certo ativo. Então, por exemplo, se um *data warehouse* possui um ativo no valor de € 500.000, pode ser estimado que, se um incêndio ocorrer, 25% dos arquivos podem ser danificados (e não mais, por causa de *sprinklers* e outros controles de incêndio, proximidade do corpo de bombeiros, etc.), caso em que a SLE seria de € 125.000. Este valor é desdobrado e inserido na equação ALE: SLE x ARO (taxa de ocorrência anual, ou *annualized rate of occurrence*) = ALE.

A taxa de ocorrência anual (ARO) é o valor que representa a frequência estimada de ocorrência de uma ameaça específica dentro de um período de um ano. A faixa pode variar entre 0,0 (nunca), 1,0 (ao menos uma vez ao ano) até valores maiores do que 1 (várias vezes ao ano) ou qualquer outro valor.

Por exemplo, se a probabilidade de uma inundação ocorrer em Londres é de uma a cada 100 anos, o valor da ARO é 0,01.

3.14. ISO 27001:2013 mitigando os riscos à segurança

Nesta seção, vamos refletir por que os controles são contramedidas importantes na salvaguarda da informação.

3.14.1. Controles

Controles de segurança são salvaguardas ou contramedidas técnicas ou administrativas que evitam, neutralizam ou minimizam perdas ou indisponibilidades devido a ameaças agindo sobre a sua correspondente vulnerabilidade, i.e., o risco à segurança. Controles são referenciados o tempo todo na segurança, mas são raramente definidos. O propósito desta seção é definir os controles técnicos, administrativos/de pessoal, preventivos, de detecção e de compensação corretiva, bem como os controles gerais[6].

3.14.2. Considerando o tratamento de um risco

Antes de considerar o tratamento de um risco, a organização deve definir um critério para determinar se os riscos podem ou não ser aceitos. Um risco pode ser aceito se, por exemplo, for avaliado que o risco é baixo ou o custo do tratamento não é rentável para a organização. Tais decisões devem ser registradas.

Uma decisão de tratamento do risco deve ser tomada para cada um dos riscos identificados após a avaliação de riscos. Possíveis controles para o tratamento do risco incluem:

- Aplicar os controles adequados para reduzir os riscos.
- Aceitar de forma consciente e objetiva os riscos, desde que satisfaçam claramente a política e os critérios de aceitação de risco da organização.
- Evitar riscos, não permitindo ações que possam causar a sua ocorrência.
- Transferir os riscos associados a outras partes, por exemplo, seguradoras ou fornecedores.

Quanto aos riscos cuja decisão de tratamento tenha sido aplicar os controles apropriados, seus controles devem:

---

6 <http://www.sans.edu/research/security-laboratory/article/security-controls>.

- Ser selecionados e implementados para atender aos requisitos identificados por uma avaliação do risco.
- Assegurar que os riscos foram reduzidos a um nível aceitável levando em conta:
  - Requisitos e restrições da legislação e regulamentos nacionais e internacionais.
  - Objetivos organizacionais.
  - Requisitos e restrições operacionais.
  - O custo de implementação e operação em relação aos riscos sob o tratamento "redução", permanecendo proporcional às exigências e limitações da organização.
  - A necessidade de equilibrar o investimento na implementação e na operação dos controles em relação aos danos que podem resultar das falhas de segurança.

Os controles podem ser selecionados a partir da norma ISO 27002 ou de outros conjuntos de controle que a sua empresa use, ou novos controles podem ser projetados para atender às necessidades específicas da organização. É necessário reconhecer que alguns controles podem não ser aplicáveis a qualquer ambiente ou sistema de informação e podem não ser factíveis para todas as organizações.

Pode não ser possível para as organizações menores segregar todas as tarefas, e outras maneiras de alcançar os mesmos objetivos de controle podem ser necessárias.

Deve-se ter em mente que nenhum conjunto de controles consegue alcançar a segurança plena e que uma ação administrativa adicional deve ser implementada para monitorar, avaliar e melhorar a eficiência e a eficácia dos controles de segurança visando apoiar os objetivos da organização.

Quando uma ameaça se manifesta, tal como quando um *hacker* age para obter acesso à rede da empresa, nós chamamos isso de um incidente. Uma falha de energia, como os blecautes no Brasil em 2008 e 2009, é um grande incidente que pode ameaçar a sobrevivência da respectiva empresa de energia elétrica. Nós nos referimos a isso como um desastre.

Quando uma ameaça se materializa, surge um risco para a organização. Tanto a extensão do risco quanto a avaliação da administração determinam se medidas devem ser tomadas a fim de minimizar o risco e quais seriam elas.

A trajetória que vai das ameaças aos riscos e, posteriormente, até as medidas de segurança é chamada de gerenciamento de riscos.

3.15. Contramedidas para mitigar o risco

A análise de riscos produz uma lista de ameaças e suas importâncias relativas. O passo seguinte é analisar cada ameaça grave e encontrar uma ou mais contramedidas que possam reduzir a ameaça. As contramedidas podem ser destinadas a:

- Reduzir as chances de um evento ocorrer.
- Minimizar as consequências.
- Uma combinação das duas coisas.

3.15.1. Categorias das contramedidas

Como definimos um plano de segurança da informação? Isso pode ser feito de várias formas e depende dos objetivos. Medidas de segurança devem sempre estar ligadas aos resultados da análise de riscos e baseadas nos aspectos de confiabilidade e características da informação. O que desejamos alcançar? Isso pode ser dividido em seis categorias diferentes, veja a figura 3.2:

1. Contramedidas preventivas visam evitar incidentes.
2. Contramedidas de redução visam diminuir a probabilidade de uma ameaça ocorrer.
3. Contramedidas de detecção visam detectar incidentes.
4. Contramedidas repressivas visam limitar um incidente.
5. Contramedidas corretivas visam recuperação dos danos causados por um incidente.
6. A aceitação do risco também é uma possibilidade. Dependendo do nível dos riscos, podemos também optar por aceitá-los. Uma empresa pode investir em seguros, pois decidiu que a chance de a ameaça se tornar realidade é muito baixa para justificar o investimento em contramedidas caras.

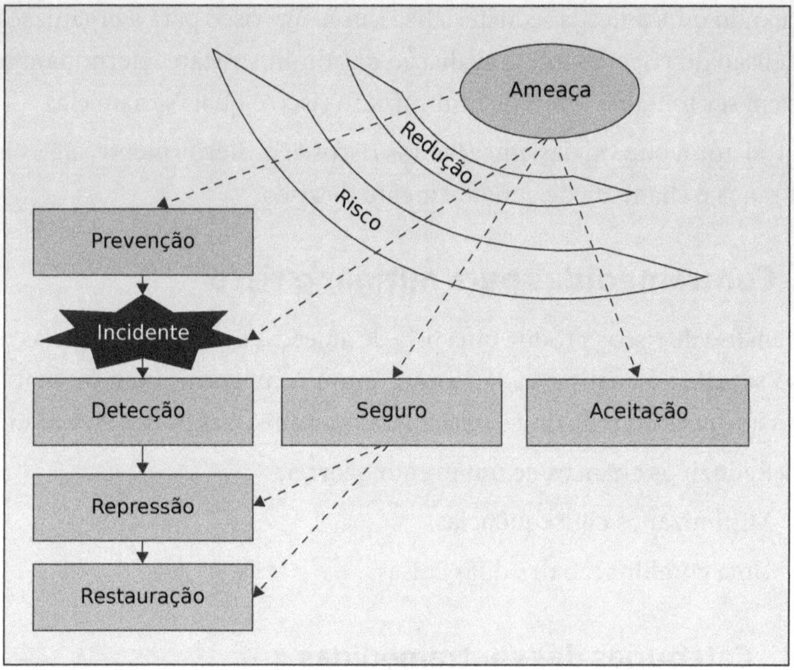

Figura 3.2. Medidas de segurança.

3.15.2. Prevenção

A prevenção torna impossível a ameaça ocorrer. Exemplos na segurança de TI podem incluir a desconexão de conexões com a internet e conexões da rede local, visando assegurar que *hackers* externos não consigam obter acesso.

Em termos de segurança física, fechar as portas para prevenir que pessoas entrem no prédio é um exemplo, embora essa contramedida não seja muito prática. Há outras medidas preventivas que são mais práticas. Por exemplo, clientes devem ser capazes de entrar no edifício, mas, para impedir visitantes indesejados, coloque as zonas de segurança em um lugar onde a informação sensível possa ser mantida de forma mais segura do que na zona pública. Colocar informações sensíveis em um cofre após o expediente é um segundo exemplo de uma contramedida preventiva. Outro exemplo é a vigilância por vídeo com adesivos nas janelas informando que o ambiente é monitorado.

O controle de alterações, no âmbito dos sistemas de gestão da qualidade (ou *Quality Management Systems* – SGQ) e dos sistemas de tecnologia da informação (TI), é um processo formal usado para garantir que as alterações em um produto ou sistema são introduzidas de forma controlada e coordenada. O controle de alterações (e a Gerência de Mudanças do ITIL®) é um processo preventivo para reduzir a possibilidade de que alterações desnecessárias sejam introduzidas em um sistema sem premeditação. Isso também pode reduzir a possibilidade de introduzir falhas em um sistema ou desfazer mudanças feitas por outros usuários do software. Os objetivos de um procedimento de controle de alterações normalmente incluem interrupções mínimas aos serviços, redução de retrocessos e uso eficiente dos recursos envolvidos na implementação de mudanças.

3.15.3. Detecção

Quando as consequências diretas de um incidente não são muito grandes, ou há tempo para minimizar o dano esperado, detecção pode ser uma opção. Certifique-se de que cada incidente possa ser detectado o mais cedo possível. Apenas informar às pessoas que o uso da internet é monitorado irá coibir a navegação imprópria na internet de muitos funcionários. Uma ferramenta de monitoramento de internet deve estar disponível para detectar o comportamento dos usuários, pois não há sentido em meramente fazer um anúncio preventivo sobre o monitoramento. A rastreabilidade desempenha um papel cada vez maior na sociedade e parece estar levando a uma mudança no ônus da prova.

3.15.4. Repressão

Quando as atividades de monitoramento de rede do profissional de segurança dão uma indicação de que algo irregular aconteceu, uma ação tem que ser tomada. Quando algo realmente dá errado – isto é, quando um incidente ocorre – a coisa a ser feita é minimizar as consequências. Não há, por exemplo, nenhuma vantagem em ter extintores de incêndio se ninguém tiver a iniciativa de usá-los em caso de incêndio. Medidas repressivas, tais como extinguir um incêndio, visam minimizar qualquer dano que possa ser causado. Fazer um *backup* também é um exemplo de medida repressiva. Afinal, fazer uma cópia de segurança periódica enquanto se trabalha em um documento garante que os dados não serão totalmente perdidos caso ocorra um incidente. O *backup* pode ser usado para restaurar a última versão armazenada do documento, de forma que apenas uma parte do documento seja perdida.

3.15.5. Correção (restauração)

Se um incidente ocorreu, sempre há algo que deve ser recuperado. A extensão do dano, seja ela pequena ou grande, depende das medidas repressivas que foram tomadas. Por exemplo, se um colega criar uma nova base de dados que sobrescreva a base de dados anterior, então a extensão do dano depende do *backup*. Quanto mais velho for o *backup*, maiores serão os danos produzidos. Um sistema de *stand-by* também é um exemplo de medida corretiva, através da qual as medidas para retorno ao estado original são colocadas em serviço em caráter emergencial, no caso de um desastre. Por exemplo, isso pode incluir a utilização de um local diferente, a fim de que continue a funcionar.

3.15.6. Seguro

Para eventos que não possam ser inteiramente prevenidos e para os quais as consequências não são aceitáveis, buscamos métodos que possam aliviar as consequências. Isso se chama mitigação. Seguro de incêndio nos protege contra as consequências financeiras de um incêndio. Armazenar uma cópia de toda informação importante em um local fora da organização todos os dias garante que, no caso de um incêndio, possamos ao menos ainda ter a informação que é insubstituível. Tais medidas não são baratas, mas geralmente são consideradas justificáveis.

3.15.7. Aceitação

Quando todos os riscos necessários e conhecidos são identificados, a gerência responsável pode decidir não realizar certas contramedidas de segurança. Às vezes os custos não são proporcionais ao risco apresentado e ao dano que pode resultar deste. Às vezes não há contramedida adequada para mitigar a ameaça que não o risco. A contramedida reduz os riscos.

3.16. Tipos de ameaças

Ameaças podem ser divididas em:

- Ameaças humanas.
- Ameaças não humanas.

Para determinar as ameaças, profissionais de segurança da informação frequentemente irão se referir a listas padrões de ameaças. Essas listas são baseadas nas melhores práticas e em experiências prévias. Uma lista frequentemente usada é descrita no Anexo B da ISO 27005, no qual a identificação e a estimativa de ativos e a avaliação do impacto são esboçadas.

É necessário determinar quais ameaças são relevantes e quais não são. A segurança, afinal de contas, exige que as organizações gastem dinheiro e não é sensato investir em segurança contra ameaças que não vão realmente ocorrer.

Vamos agora olhar mais de perto os tipos de ameaças.

3.16.1. Ameaças humanas

Ameaça humana intencional

As pessoas podem intencionalmente causar danos a sistemas de informação por várias razões. Normalmente pensamos em intrusos, tais como um *hacker* que tem algo contra a empresa e deseja invadir e causar danos a ela.

Entretanto, e quanto ao funcionário da empresa que destrói dados após ser demitido ou quem, como resultado de não receber a promoção que ele ou ela gostaria, se vinga destruindo dados ou vendendo-os para a concorrência?

Esperar por uma resposta do computador devido a problemas de desempenho também pode levar funcionários frustrados a reagir excessivamente em algumas ocasiões.

Engenharia social busca explorar a falta de consciência sobre segurança dentro de uma organização. Usar as expressões corretas ou nomes de pessoas conhecidas e seus departamentos dá a impressão de que se é um colega. Agir de forma educada e parecer confiável pode dar ao "colega" a oportunidade de obter segredos comerciais e da empresa. Um engenheiro social tira proveito dos pontos fracos das pessoas para concretizar seus objetivos. A maioria das pessoas não sabe o que é engenharia social e não reconhece um engenheiro social.

Se o *helpdesk* lhe telefona perguntando onde está um determinado arquivo, você deve checar se está realmente falando com o *helpdesk*. Lembre-se, um funcionário de *helpdesk* nunca pedirá a sua senha.

Você alguma vez falou sobre o seu trabalho no trem, e você tem certeza de que não mencionou nada confidencial? Um engenheiro social trabalha de acordo com um certo padrão. Poderíamos escrever um livro inteiro sobre engenharia social, mas vamos ficar por aqui por enquanto.

Ameaça não intencional

As pessoas também podem causar danos de forma não intencional. Por exemplo, pressionando acidentalmente o botão "Delete" e confirmando de forma descuidada com OK. Você também pode inserir um *pen drive* que possui um vírus em uma máquina e espalhar o vírus através da rede. Além disso, em pânico, você pode usar um extintor de pó para apagar um pequeno incêndio e, como resultado, destruir um servidor. Essas são respostas humanas típicas nas quais boas medidas de segurança são aplicadas de maneira inadequada ou subvertida.

3.16.2. Ameaças não humanas

Existem também eventos não humanos que ameaçam uma organização. Estes incluem influências externas, tais como raios, incêndios, inundações e tempestades. Grande parte dos danos causados dependerá da localização do equipamento nas instalações. A sala do servidor está localizada diretamente sob um telhado plano suscetível a vazamento? É situada no subsolo em uma área onde há água subterrânea elevada? A sala do servidor tem janelas ou está localizada em uma sala com estilo de *bunker*? Todas essas preocupações têm uma influência sobre os riscos que a organização terá de enfrentar.

Podemos subdividir as ameaças humanas e não humanas em interrupções na infraestrutura básica, tais como equipamentos, software ou bases de dados computacionais, e perturbações no ambiente físico, tais como edifícios, arquivos em papel, instalações elétricas, abastecimento de água, aquecimento, ventilação e refrigeração.

3.17. Tipos de dano (ou impacto)

Danos resultantes da ocorrência das ameaças citadas anteriormente podem ser classificados em dois grupos:

- Danos diretos.
- Danos indiretos.

Um exemplo de dano direto é o furto. O furto tem consequências diretas no negócio. Outro exemplo é o dano causado pela água dos extintores de incêndio.

Dano indireto é a perda consequente que pode ocorrer. Um exemplo de dano indireto é ser incapaz de atender a um contrato devido à infraestrutura de TI ter sido destruída pelo fogo ou a perda de boa vontade por uma falha não intencional em cumprir as obrigações contratuais.

3.18. Tipos de estratégias de riscos

Podemos lidar com os riscos de diferentes formas. As estratégias mais comuns são:

- Tolerância ao risco (aceitação).
- Redução (ou mitigação) do risco.
- Prevenção (ou evitar) do risco.

Tolerância ao risco significa que certos riscos são aceitos. Isso pode acontecer porque os custos das medidas de segurança excedem o possível dano. Mas pode ser também que a administração decida não fazer nada, mesmo que os custos não sejam maiores do que o possível dano. As medidas que uma organização que tolera riscos toma na área de segurança da informação são geralmente de natureza repressiva.

Redução (ou mitigação) do risco significa que medidas de segurança são tomadas de forma que as ameaças não mais se manifestem ou, se o fizerem, o dano resultante é minimizado. A maioria das medidas tomadas na área da segurança da informação por uma organização que neutraliza os riscos é uma combinação de medidas preventivas, de detecção e repressivas.

Prevençã (ou evitar) do risco significa que medidas são tomadas de modo que a ameaça seja neutralizada, de tal forma que não leve mais a um incidente. Considere, por exemplo, as atualizações de software de um sistema operacional

(SO). Ao atualizar o SO assim que as atualizações estiverem disponíveis, você está prevenindo o seu sistema contra problemas técnicos conhecidos ou questões de segurança. Muitas das contramedidas nessa estratégia possuem um caráter preventivo.

Independentemente da estratégia que uma organização escolhe, a administração tem que tomar uma decisão consciente e arcar com as consequências.

3.19. Caso Springbooks

Neste capítulo nós cobrimos muita coisa sobre os riscos de segurança. Imagine que você é o novo gerente de segurança da Springbooks. Até agora a Springbooks só tinha implementado algumas medidas de segurança através da aplicação das melhores práticas em resposta a incidentes de segurança. Agora, no entanto, o conselho decidiu que a segurança será parte de uma devida diligência e você tem que apontar a abordagem e as soluções para implementar a segurança da informação.

Explique o que significa a devida diligência para a Springbooks e por que isso tem um impacto sobre as funções do gerente de segurança.

Identifique os riscos mais importantes à segurança com os quais a Springbooks terá que lidar. Você deve pensar em termos do triângulo CIA e em análise de riscos quando considerar os potenciais riscos. O sistema de pedidos da Springbooks está concentrado em um grande centro de computadores próximo a Londres. Esse centro de computadores é de propriedade de uma grande empresa de TI. A Springbooks terceirizou sua TI para essa empresa.

O CISO recebe uma chamada telefônica afirmando que um cabo de dados vital foi cortado durante uma escavação que ocorria fora do prédio. Todas as conexões do centro de computadores com a internet foram quebradas. A Springbooks não é mais capaz de comercializar pela internet. A empresa de computadores estima um tempo de inatividade de pelo menos quatro horas. A Springbooks vende em torno de 12.000 livros por dia a um preço médio de € 20. Calcule a perda que a interferência no seu negócio *on-line* causará.

4. O Contexto da Organização

A política de segurança da informação é uma coisa, implementá-la na organização e checar se ela está sendo cumprida é outra.

Muitas organizações trabalham com o ciclo PDCA (*Plan*, *Do*, *Check*, *Act*, em inglês), veja a Figura 4.1 e a seção 4.5.

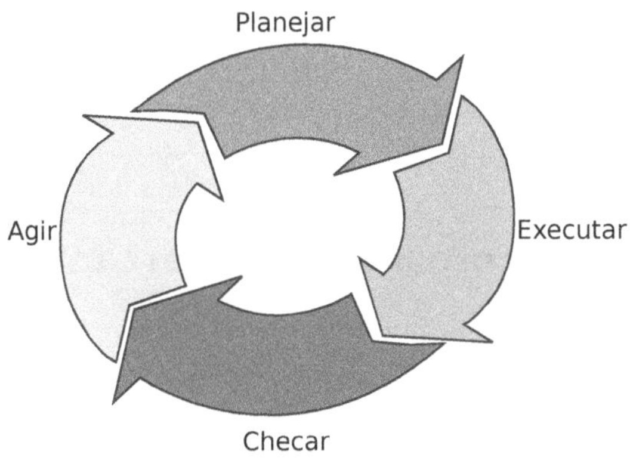

Figura 4.1. Ciclo PDCA.

A política de segurança da informação é o principal documento. A política de segurança da informação inclui documentos de política, procedimentos e orientações que visam um determinado aspecto de segurança da informação e que fornecem expectativas detalhadas. Esses documentos são uma parte importante do Sistema de Gerenciamento da Segurança da Informação (*Information Security Management System* – ISMS).

4.1. Implantação de um ISMS

A organização formula uma estrutura para o controle do seu SGSI. Essa estrutura fornece uma classificação lógica de todas as questões relacionadas à segurança da informação, organizando-as em domínios.

Um domínio é um grupo de assuntos que estão logicamente conectados uns aos outros. Os domínios formam a base para a estrutura do SGSI. Esses domínios algumas vezes possuem seus próprios documentos de política, procedimentos e instruções de trabalho.

Os requisitos estabelecidos na norma ISO 27001:2013 são genéricos e aplicáveis a todas as organizações, independentemente de tipo, tamanho ou natureza. Excluir qualquer dos requisitos especificados nas cláusulas de 4 a 10 não é aceitável quando uma organização reivindica conformidade a esta norma internacional. Isso na prática significa que uma organização que queira obter uma certificação ISO 27001 será auditada quanto aos requisitos dispostos nos capítulos de 4 a 10.

Isso está alinhado com o processo para Gestão de Serviços de TI descrito na norma ISO/IEC 20000-1:2011.

4.2. Entendendo a organização e seu contexto

A organização precisa definir as questões externas e internas que são relevantes para o seu propósito e que afetam sua habilidade de alcançar o(s) resultado(s) pretendido(s) do seu sistema de gerência de segurança da informação.

Definir essas questões se refere a estabelecer os contextos externo e interno da organização considerando a cláusula 5.3 da ISO 31000:2009.

4.3. Compreendendo as necessidades e expectativas das partes interessadas

Enquanto a ISO 27001:2005 focava internamente, as organizações colaboradoras da ISO perceberam que no período entre 2005 e 2013 o mundo havia mudado. Organizações estão mais e mais conectadas. Muitas vezes os sistemas de informação são terceirizados, a informação é compartilhada com outras empresas com quem têm relação ou organismos governamentais. Como resultado, a última ISO 27001:2013 está agora mais externamente orientada. Os requisitos das partes interessadas podem incluir requisitos legais e regulatórios e obrigações contratuais. A organização deve, portanto, definir:

A. As partes interessadas que são relevantes para o sistema de gerenciamento de segurança da informação.

B. Os requisitos relevantes dessas partes interessadas para a segurança da informação.

4.4. Definindo o escopo do sistema de gerenciamento da segurança da informação

A organização deve definir os limites e a aplicabilidade do sistema de gerenciamento de segurança da informação, a fim de estabelecer seu escopo. Ao definir o seu escopo, a organização deve considerar as questões internas e externas, conforme previamente descrito, as interfaces e dependências entre as atividades desempenhadas pela organização, bem como aquelas desempenhadas por outras organizações e que são aplicáveis ao escopo da organização. O escopo deve estar disponível como informação documentada.

4.5. O modelo PDCA

O modelo Planejar-Executar-Checar-Agir (*Plan-Do-Check-Act* - PDCA), também chamado de ciclo de qualidade de Deming, forma a base para determinar, implementar, monitorar, controlar e manter o sistema de gerenciamento da segurança da informação (*Information Security Management System* - ISMS).

A ISO 27001:2005 exigia o modelo PDCA como a base geral para a implementação e a manutenção do ciclo de gestão.

Na ISO 27001:2013 isso mudou. A ISO percebeu que a maioria das empresas e organizações com ou sem fins lucrativos já possui seu próprio ciclo de gestão de negócios, sendo ou não baseado no PDCA. O PDCA nem sempre é compatível com o ciclo de gestão adotado por uma empresa em particular. Por essa razão, na ISO 27001:2013 o texto mudou para a obrigação de a organização estabelecer, implementar, manter e melhorar continuamente o sistema de gerenciamento da segurança da informação, em conformidade com os requisitos dessa norma internacional.

É claro que a norma apresenta requisitos para estabelecer o ISMS. No entanto, a obrigação de utilizar o ciclo PDCA desapareceu.

4.5.1. Planejar (projetar o ISMS)

Na fase de projeto, é desenvolvida e documentada a política de segurança da informação. Aqui os objetivos da segurança da informação, os processos relevantes e os procedimentos são definidos; isso assegura que os riscos sejam gerenciados. Esses objetivos devem, é claro, apoiar os objetivos de negócios da organização. As medidas de segurança podem ser adotadas com base em uma análise de riscos e de custo-benefício.

Existem outros métodos, mas não os abordaremos agora.

A fase de planejamento se aplica não só à política principal, mas também a todos os documentos de políticas que a apoiam e as regulamentações subjacentes.

4.5.2. Executar (implementar o ISMS)

Nesta fase, a política de segurança da informação e os procedimentos e medidas subjacentes são implementados. As responsabilidades são alocadas a cada sistema e/ou processo de informação.

4.5.3. Checar (monitorar e checar o ISMS)

Nesta fase, são realizados controles utilizando uma autoavaliação (auditoria interna) e, onde possível, medições são realizadas para ver se a política de segurança da informação é executada corretamente. Um relatório sobre o assunto é emitido para a gerência responsável e para o Diretor Corporativo de Segurança da Informação ou *Corporate Information Security Officer* (CISO).

4.5.4. Agir (manter e ajustar o ISMS)

Nesta fase final, são realizadas correções e são tomadas medidas preventivas com base nos resultados da auditoria interna. O ISMS é atualizado à luz de quaisquer descobertas particulares.

O ciclo PDCA é contínuo. Isso está descrito em um manual ISMS.

4.6. Posse ou controle

Suponha que um ladrão roube um envelope lacrado contendo um cartão bancário de débito e (estupidamente) a senha associada ao cartão. Mesmo que o ladrão não abra esse envelope, a vítima do roubo ficaria legitimamente preocupada com a possibilidade de o ladrão usar o cartão de forma fraudulenta a qualquer momento sem o controle do proprietário. Essa situação ilustra uma perda de controle ou posse de informações, mas não envolve a quebra de sigilo.

4.7. Autenticidade

Autenticidade se refere à veracidade da alegação de origem ou a autoria das informações. Por exemplo, um método de verificação da autoria de um documento escrito à mão é comparar as características de escrita do documento com uma amostra de outros que já tenham sido verificados. Para informações eletrônicas, uma assinatura digital pode ser usada para verificar a autoria de um documento digital usando criptografia de chave pública (isso também pode ser usado para verificar a integridade do documento).

4.8. Utilidade

Utilidade significa capacidade de uso. Por exemplo, suponha que alguém criptografou dados em um disco para prevenir o acesso não autorizado ou modificações indesejadas - e depois perdeu a chave criptográfica: isso seria uma quebra de utilidade. Os dados seriam confidenciais, controlados, integrais, autênticos e disponíveis - eles só não seriam úteis dessa forma. Similarmente, a conversão de dados salariais de uma moeda para outra inadequada também seria uma quebra de utilidade, assim como seria o armazenamento de dados em um formato impróprio para uma determinada arquitetura de computador; por exemplo, EBCDIC em vez de ASCII ou DVD-ROM em vez de um disco rígido externo. A substituição de uma tabela de dados por um gráfico poderia ser descrita como uma quebra de utilidade se a substituição tornar mais difícil a interpretação dos dados. A utilidade é muitas vezes confundida com disponibilidade, pois as falhas, tais como as descritas nesses exemplos, também podem requerer tempo para solucionar as alterações de formato ou de apresentação dos dados. Entretanto, o conceito de capacidade de uso é diferente do de disponibilidade.

4.9. Devida diligência e devido cuidado

Hoje, devidas diligências e devidos cuidados estão se tornando questões sérias nas operações de computadores. De fato, o sistema legal começou a responsabilizar importantes parceiros pela ausência dos devidos cuidados no caso de uma grave falha de segurança. Violações de segurança e privacidade são questões quentes que confrontam a comunidade da internet, e são necessárias normas que abranjam as melhores práticas de devidos cuidados para a proteção de uma organização.

O que significa devida diligência e devido cuidado?

"Devida diligência é o grau de cuidado e cautela exigidos pelas circunstâncias de uma pessoa".[7]

Uma empresa pratica o devido cuidado ao desenvolver e implementar políticas, procedimentos e padrões de segurança.

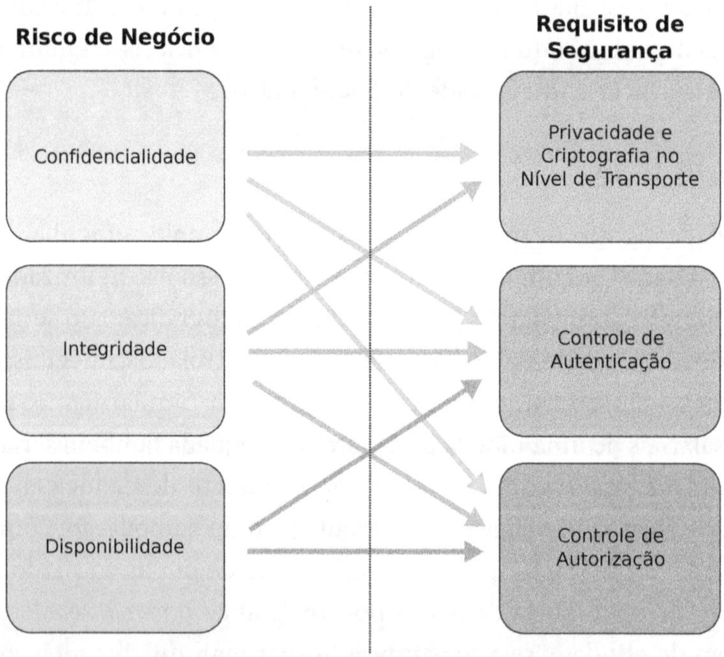

Figura 4.2. Mapeando riscos de negócio – requisitos de segurança.

[7] <http://dictionary.reference.com/browse/diligence>.

"Devida diligência é a conduta que homens ou mulheres sensatos exercerão em uma situação particular, ao cuidar da segurança dos outros. Se alguém usa o devido cuidado, então o lesado não pode provar negligência. Esse é um daqueles padrões nebulosos através do qual a negligência é testada. Cada jurado deve determinar o que um homem ou uma mulher 'sensatos' fariam".[8]

Então, devida diligência consiste em compreender as ameaças e os riscos atuais, e devido cuidado diz respeito à implementação de contramedidas para prover proteção contra essas ameaças. Se uma empresa não pratica o devido cuidado e a devida diligência em relação à segurança de seus ativos, ela pode ser legalmente acusada de negligência e responsabilizada por quaisquer implicações dessa negligência de acordo com as leis de cada país em que opera, se for um negócio.

4.10. Informação

4.10.1. Diferença entre dado e informação

É essencial compreender a diferença entre dado e informação. O dado pode ser processado pela tecnologia da informação, mas ele se torna informação após adquirir certo significado.

Na nossa vida diária, deparamos com informações em incontáveis diferentes formas. Informação pode ter a forma de texto, mas também pode ter a forma de voz e vídeo. Quando se trata de segurança da informação, você deve levar em conta as diversas formas nas quais a informação pode essencialmente se concentrar. Isso envolve, afinal de contas, a segurança da própria informação e independe da forma em que ela é apresentada. A forma como a informação é apresentada, no entanto, impõe algumas restrições acerca das medidas necessárias para proteger essa informação.

4.10.2. Análise da informação

A análise da informação fornece uma imagem clara de como uma organização lida com a informação – como a informação "flui" pela organização. Por

---

[8] <http://legal-dictionary.thefreedictionary.com/due+diligence>.

exemplo, um hóspede se registra em um hotel através do site. Essa informação é passada para o sistema de reservas *on-line*, que, em seguida, aloca um quarto. A recepção sabe que o hóspede chegará hoje. O departamento de serviços domésticos sabe que o quarto deve estar limpo para a chegada do hóspede. Em todos esses passos, é importante que a informação seja confiável.

4.10.3. Informática

"Informática é converter dados em informação.[9] Cantarolar uma melodia e o seu motor de busca corrigir a afinação, prever a propagação da próxima epidemia de gripe, combater um *hacker* malicioso, compreender o genoma humano e explorar a realidade virtual. Apoiar pesquisas de ponta, desenvolver soluções de negócio e mais...".

A informática desenvolve novos usos para a tecnologia da informação, está interessada em como as pessoas transformam a tecnologia e em como a tecnologia nos transforma.

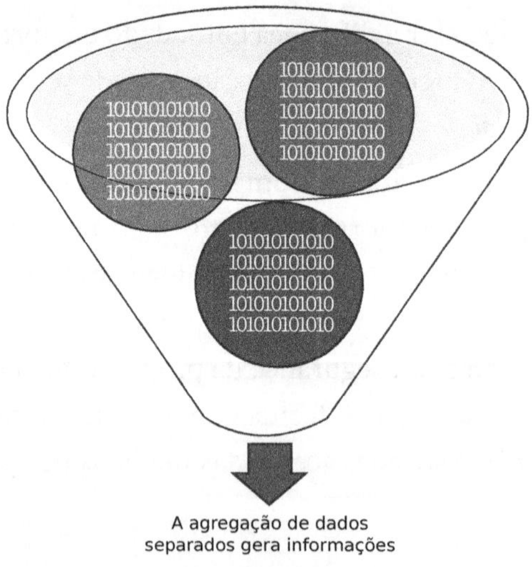

Figura 4.3. Agregação de dados gera informações.

[9] FORBRIG, Peter; GÜNTHER, Horst (Eds.). Perspectives in Business Informatics Research. **9th International Conference**, BIR 2010, Rostock, Alemanha.

4.10.4. Valor do dado

O dado pode ter grande importância - dependendo de como for usado - mesmo se ele não estiver no formato de "informação", como definido anteriormente. Não haveria a necessidade da "proteção dos dados" e, portanto, da "segurança de computadores" se dados, por definição, não tivessem importância. O valor do dado é determinado principalmente pelo usuário.

4.10.5. Valor da informação

Conforme mencionado anteriormente, informação é conhecimento que alguém tenha adquirido. Enquanto algumas pessoas podem considerar um determinado conjunto de dados desinteressante, outros podem ser capazes de extrair informações valiosas a partir dele. O valor da informação é, portanto, determinado pelo valor que o beneficiário lhe atribui.

4.10.6. Informação como um fator de produção

Os fatores de produção normais de uma empresa ou organização são o capital, o trabalho (manual) e as matérias-primas. Em tecnologia da informação, é comum também considerar a informação como fator de produção. Empresas não podem existir sem informação. Um armazém que perde suas informações de estoque e clientes normalmente não seria capaz de operar sem elas. Para algumas empresas, tais como o escritório de um contador, a informação é, na verdade, o seu único produto.

4.10.7. Sistemas de informação

A transferência e o processamento de informações ocorrem através de uma infraestrutura de sistema de informação.

Deve ser salientado que um sistema de informação não é necessariamente o mesmo que um sistema de TI (sistema de tecnologia da informação).

Em um sentido muito amplo, o termo sistema de informação é frequentemente usado para se referir à interação entre pessoas, processos, dados e tecnologia. Nesse sentido, o termo é usado para se referir não só à tecnologia da informação e da comunicação (TIC) que uma organização usa, mas também à forma como as pessoas interagem com essa tecnologia em apoio aos processos de negócio.

Exemplos de sistemas de informação são documentos em armários de arquivos, arquivos de computador e bases de dados, telefones celulares e impressoras. No contexto da segurança da informação, um sistema de informação é toda a combinação de meios, procedimentos, regras e pessoas que asseguram o fornecimento de informações para um processo operacional.

Componentes de TIC incluem:

- Estações de trabalho, que consistem em um PC com um sistema operacional e outros softwares.
- Transporte de dados através de uma rede, cabeada ou sem fio.
- Servidores, que consistem no servidor com um sistema operacional e softwares.
- Armazenamento de dados, como, por exemplo, espaço em disco, e-mail e bancos de dados.
- Telefones móveis que evoluem cada vez mais para pequenos dispositivos computacionais com grande armazenamento removível.
- A capacidade e a possibilidade de trocar informações pela rede móvel e/ou *bluetooth.*
- Conexões.

Um armário de arquivos é uma peça do mobiliário de escritório normalmente usado para armazenar documentos de papel em pastas.

4.11. Gestão da informação

"A gestão da informação descreve o meio pelo qual uma organização planeja, coleta, organiza, utiliza, controla, dissemina e descarta suas informações de forma eficiente, e através da qual garante que o valor dessa informação seja identificado e explorado em toda a sua extensão".

Quando você traduz essa definição para o português, pode dizer que este campo interdisciplinar se baseia em e combina habilidades e recursos de:

- Biblioteconomia e ciência da informação.

- Tecnologia da informação.
- Gerenciamento de registros.
- Arquivamento e administração geral.

Seu foco é a informação como um recurso, independentemente da forma física em que ela ocorre.

Livros e periódicos, dados armazenados em computadores locais ou remotos, microformas, mídias audiovisuais e a informação na cabeça das pessoas estão todos dentro desse escopo. Alguns dos principais tópicos com que os profissionais se preocupam são:

- Classificação e codificação.
- Indexação de assunto.
- Construção e uso de dicionários e vocabulários controlados.
- Catalogação e indexação por nomes, lugares e eventos.
- Projeto de banco de dados e estruturas de dados.
- Armazenamento físico de livros e registros, em papel e em formato eletrônico.
- Armazenamento de imagens fotográficas e digitalizadas.
- Auditorias de informação: revisão dos recursos de informação de uma organização.
- Documentação de objetos de museu, tanto para fins de administração quanto como um recurso para estudos.

4.11.1. Computação distribuída

A tendência da computação distribuída também enfraqueceu a eficácia do controle central e especializado.

Em geral, computação distribuída é qualquer computação que envolve vários computadores distantes um do outro, onde cada um tem um papel no problema computacional ou no processamento da informação.

Em empresas comerciais, computação distribuída geralmente significa colocar vários passos dos processos de negócios nos locais mais eficientes, em uma rede de computadores. Em uma transação típica, o processamento da interface do usuário é feito em um PC situado no local do usuário, o processamento do negócio é feito em um computador remoto e o processamento e o acesso à base de dados são realizados em outro computador que fornece acesso centralizado para muitos processos do negócio. Tipicamente, esse tipo de computação distribuída usa o modelo de comunicação cliente/servidor.

O Ambiente de Computação Distribuída, ou *Distributed Computing Environment* (DCE), é um padrão industrial amplamente utilizado que suporta esse tipo de computação distribuída. Na internet, provedores de serviço terceirizados já oferecem alguns serviços generalizados que se encaixam nesse modelo.

Um serviço de diretório possui um banco de dados hierárquico de usuários, computadores, impressoras, recursos e atributos de cada um destes. O diretório é usado principalmente para operações de consulta, o que habilita os usuários a rastrear recursos e outros usuários. O administrador pode então desenvolver políticas de controle de acesso, segurança e auditoria que ditem quem pode acessar esses objetos, como eles são acessados e auditar cada uma dessas ações.

Mais recentemente, a computação distribuída é usada para se referir a toda grande colaboração na qual muitos proprietários de computadores pessoais permitem que parte do tempo de processamento de seus computadores seja posto a serviço de um grande problema. O exemplo mais conhecido é o projeto SETI@home, onde proprietários de computadores individuais podem oferecer alguns de seus ciclos de processamento multitarefa (ao mesmo tempo em que ainda usam o computador) para o projeto de busca por vida extraterrestre (*Search for Extraterrestrial Intelligence* – SETI). Esse problema computacional de grande intensidade usa o seu computador (e milhares de outros) para fazer o *download* e pesquisar dados de radiotelescópio.

4.12. Processos operacionais e informações

O gerenciamento abrange uma vasta gama de atividades elaboradas para melhorar a eficácia e a eficiência de uma organização. Para entender toda a gama de ações de gestão, e para desenvolver o conhecimento e a habilidade para desempenhar bem essas atividades, podemos classificar o conjunto completo de atividades de gestão de diferentes maneiras. Uma forma de classificar as atividades de gestão se baseia nas dimensões da totalidade do desempenho organizacional no qual estamos focando. Para gerenciar uma organização de forma eficaz, os gestores precisam focar em toda a organização como uma só unidade. Ao mesmo tempo, eles também precisam prestar atenção individual a cada pequena atividade realizada por muitas unidades menores dentro da organização.

Ao classificar a gestão em termos da totalidade do desempenho organizacional, podemos definir uma série contínua de níveis de gestão que vão desde a gestão estratégica, em uma extremidade, até a gestão operacional, na outra. Gestão estratégica se concentra no desempenho da organização completa. O foco aqui é determinar os objetivos mais adequados que a organização deve buscar, dadas as suas forças e fraquezas internas, bem como as oportunidades e ameaças externas enfrentadas por ela.

A gestão estratégica implica em alcançar um equilíbrio entre os requisitos das diferentes funções e unidades da organização. Ela também implica em equilibrar os riscos, tanto em curto como em longo prazo. Com base nessas considerações, a gestão estratégica estabelece os requisitos de longo prazo a serem perseguidos pela organização e identifica as formas e os meios de alcançar esses objetivos.

Uma característica única da gestão estratégica é a ausência de quaisquer planos ou objetivos de nível mais elevado para orientar a ação de gestão estratégica.

A gestão operacional está na outra extremidade da série contínua de níveis de gestão. Ela diz respeito à garantia de que as operações do dia a dia da organização sejam levadas a cabo com eficácia e eficiência. Por exemplo, a gestão operacional se concentrará em garantir que os trabalhadores no chão de fábrica sejam instruídos corretamente sobre o trabalho a ser realizado por eles, em qualquer momento específico, e que eles sejam providos de materiais, ferramentas e outras instalações necessárias para seguir com o trabalho.

O nível entre a gestão estratégica e a gestão operacional é a gestão tática.

Esse nível de gestão está preocupado com o planejamento e controle para funções organizacionais individuais tais como marketing, produção e desenvolvimento de recursos humanos, ou funções abaixo destas, destinadas a melhorar o desempenho a curto e médio prazos.

No nível de processos de negócio, as coisas acontecem em geral da mesma forma como previamente descrito. Cada método de negócio é um conjunto de atividades ou tarefas relacionadas e estruturadas que desenvolvem um produto ou serviço específico (servem a um objetivo particular) para um cliente ou clientes específicos. Muitas vezes pode ser demonstrado por meio de um fluxograma, como uma sequência de atividades.

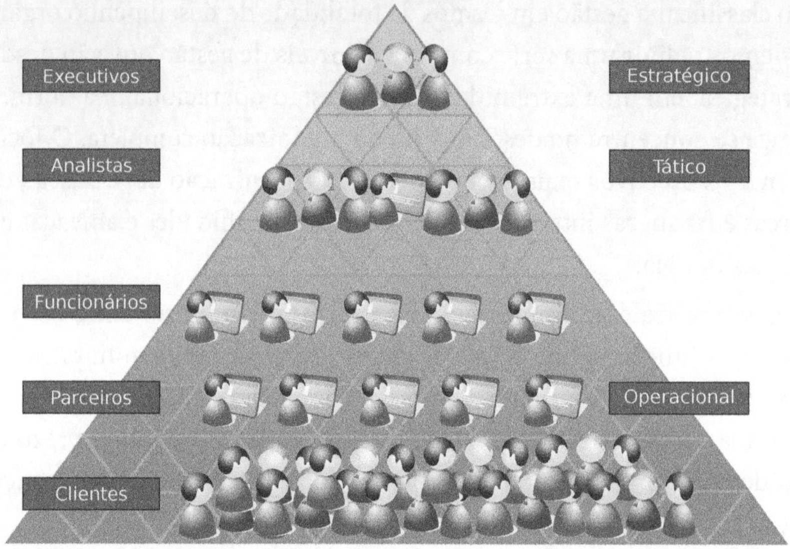

Figura 4.4. Classificando a gestão em termos do desempenho organizacional.

Um processo de negócio começa com as necessidades de um cliente e termina com a satisfação dessas necessidades.

Organizações orientadas a processos quebram as barreiras dos departamentos estruturais e tentam evitar silos funcionais.

Um processo de negócio pode ser decomposto em diversos subprocessos, os quais têm seus próprios atributos, mas que também contribuem para o atingimento da meta do superprocesso. A análise dos processos de negócio tipicamente inclui o mapeamento de processos e subprocessos até o nível de atividade.

Processos de negócio são projetados para adicionar valor ao cliente e não devem incluir atividades desnecessárias. O resultado de um processo de negócio bem projetado é o aumento da eficácia (valor para o cliente) e o aumento da eficiência (menos custos para a empresa).

Processos de negócios podem ser modelados por meio de um grande número de métodos e técnicas. De fato, a *Business Process Modeling Notation* (BPMN) é uma técnica de modelagem de processos de negócio que pode ser usada, por exemplo, para desenhar o processo de negócio de venda de livro em termos de um simples fluxo de trabalho. Veja a Figura 4.5.

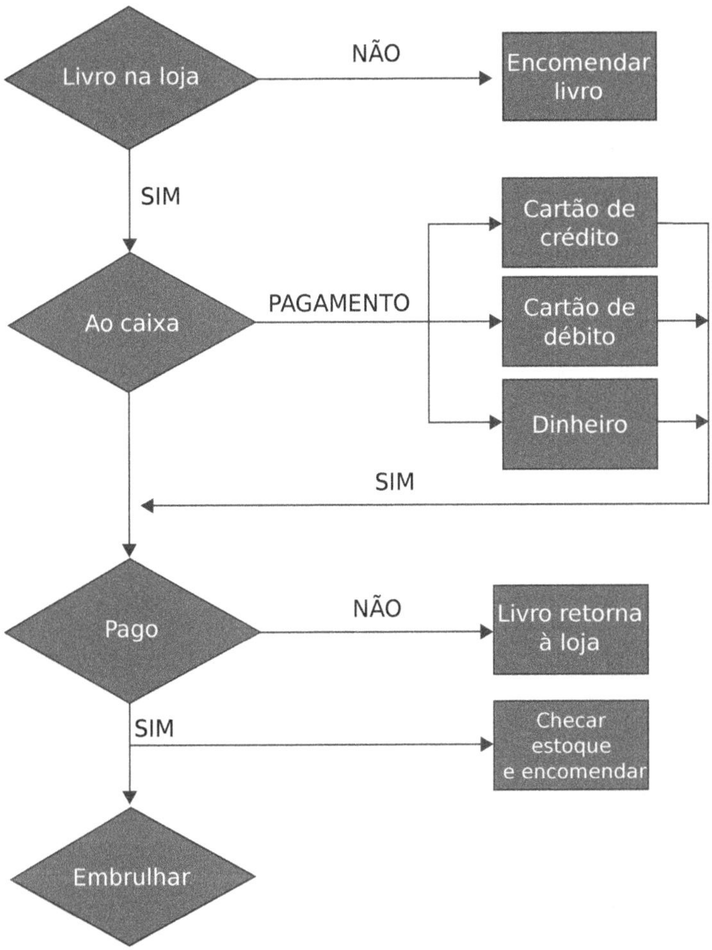

Figura 4.5. Exemplo de um fluxograma simples.

4.13. Arquitetura da informação

Segurança da informação está intimamente relacionada à arquitetura da informação. Ao projetar sistemas de informação, é necessário pensar na segurança da informação desde o início. Esta seção dá uma breve descrição da arquitetura da informação.

A definição de arquitetura usada na ISO/IEC/IEEE 42010:2011 é:

"Os conceitos ou propriedades fundamentais de um sistema em seu ambiente, incluindo seus elementos, relacionamentos e os princípios de seu projeto e evolução".

A arquitetura de estrutura corporativa mais usada é a TOGAF (*The Open Group Architecture Framework*). A arquitetura da informação é uma parte importante da arquitetura corporativa. A TOGAF permite projetar, avaliar e desenvolver a arquitetura certa para a sua organização. A chave para a TOGAF é o *Architecture Development Method* (ADM) - um método confiável e comprovado para desenvolver uma arquitetura corporativa de TI que atenda às necessidades do seu negócio. Veja a figura 4.6.

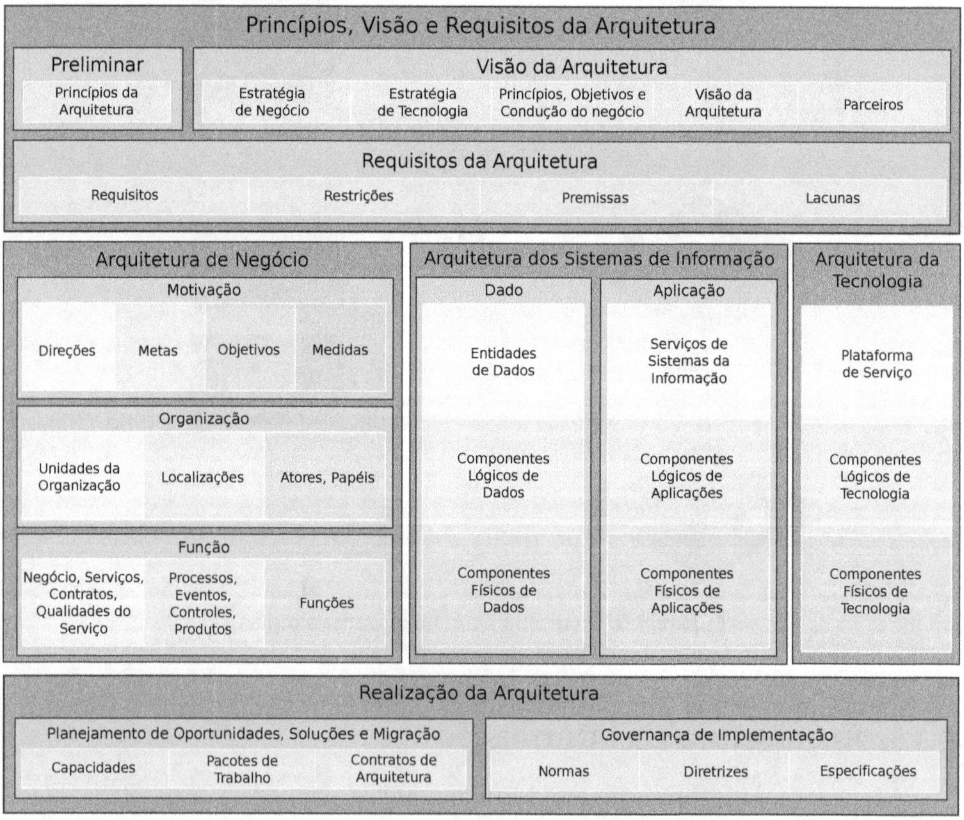

Figura 4.6. Princípios da arquitetura TOGAF 9.1 (fonte: *The Open Group*).

Arquitetura da informação é a arte de expressar um modelo ou conceito de informação usado em atividades que requeiram detalhes explícitos de sistemas complexos.

Dentre essas atividades estão sistemas de biblioteca, sistemas de gerenciamento de conteúdo, desenvolvimento *web*, interações com usuários, desenvolvimento de banco de dados, programação, redação técnica e projeto de softwares de sistemas críticos. Arquitetura da informação tem um significado um tanto diferente nesses diferentes ramos de arquitetura de SI ou TI.

A maioria das definições tem qualidades em comum: um projeto estrutural de ambientes compartilhados, métodos de organizar e de rotular *websites*, *intranets* e comunidades *on-line*, e maneiras de trazer os princípios de design e arquitetura para o cenário digital.

Historicamente, o termo "arquiteto da informação" é atribuído a Richard Saul Wurman. Wurman vê a arquitetura como "se usa nas palavras arquiteto da política externa. Quero dizer arquiteto como na criação de princípios sistêmicos, estruturais e ordenados para fazer alguma coisa funcionar - a realização bem planejada de qualquer artefato, ou ideia, ou política que informa por ser clara".

Organizar a funcionalidade e o conteúdo em uma estrutura na qual as pessoas sejam capazes de navegar intuitivamente não acontece por acaso. As organizações devem reconhecer a importância da arquitetura da informação ou então elas correm o risco de criar grandes conteúdos e funcionalidades que ninguém nunca vai encontrar. Também se discute a relação entre a arquitetura da informação e a usabilidade, no contexto de projetos reais.

Sistemas de computador podem ser frustrantes, pois eles nem sempre funcionam como o usuário quer.

As pessoas que usam o sistema ficam frustradas, pois simplesmente não são capazes de fazer o que querem. Mas a tecnologia progrediu e agora com ela é possível fazer quase tudo o que as pessoas querem. Então, por que nem todo mundo que usa um computador tem um grande sorriso no rosto?

A enorme fartura de funcionalidades e informações tornou-se o novo problema. O desafio enfrentado pelas organizações é: como orientar as pessoas através da vasta quantidade de informações ofertadas, de forma que elas possam encontrar com sucesso a informação que desejam e, assim, encontrar valor no sistema?

Uma arquitetura da informação eficaz permite que as pessoas adentrem logicamente no sistema confiantes de que estão se aproximando da informação de que necessitam. A maioria das pessoas só percebe a arquitetura da informação quando esta é pobre e os impede de encontrar as informações de que necessitam.

A arquitetura da informação é mais comumente associada com *websites* e *intranets*, mas pode ser usada no contexto de quaisquer estruturas de informação ou sistemas computacionais.

4.13.1. A evolução da arquitetura da informação

Richard Saul Wurman, que cunhou o termo "arquitetura da informação", se formou como arquiteto, mas tornou-se interessado na forma como a informação é colhida, organizada e apresentada para transmitir um significado. A definição inicial de Wurman para arquitetura da informação era "organizar os padrões nos dados, tornando o complexo simples".

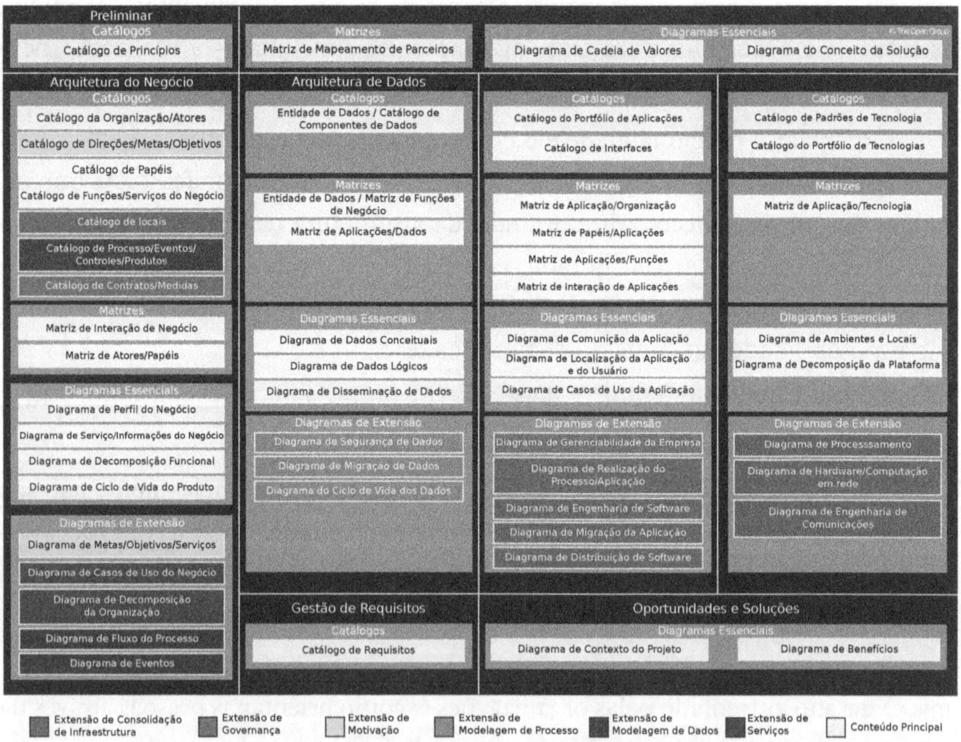

Figura 4.7. Visões TOGAF (fonte: *The Open Group*).

O termo ficou bastante adormecido até que, em 1996, foi apanhado por uma dupla de cientistas de biblioteconomia, Lou Rosenfeld e Peter Morville. Eles usaram o termo para definir o trabalho que estavam fazendo na estruturação de *websites* e *intranets* de grande escala.

Em "Information Architecture for the World Wide Web: designing large-scale websites", eles definem a arquitetura da informação como:

- A combinação de organização, rótulos e esquemas de navegação dentro de um sistema de informação.
- O projeto estrutural de um espaço de informação para facilitar a conclusão de tarefas e o acesso intuitivo ao conteúdo.
- A arte e a ciência de estruturar e classificar *websites* e *intranets* para ajudar as pessoas a encontrar e gerir informações.
- Uma emergente disciplina, e comunidade de práticas, focada em trazer princípios de projeto e de arquitetura para o cenário digital.

Hoje, a influência de Wurman na arquitetura da informação é mínima, mas muitas das metáforas usadas para descrever a disciplina ecoam o trabalho feito pelos arquitetos da informação. Por exemplo, arquitetura da informação é descrita como o desenho técnico que desenvolvedores e designers usam para construir o sistema.

4.14. Resumo

Neste capítulo você aprendeu sobre as várias formas de informação e de sistemas de informação.

Você também foi apresentado ao importante trio: confidencialidade, integridade e disponibilidade.

Finalmente, você viu como a segurança da informação é importante para os processos operacionais, para a arquitetura da informação e para a gestão da informação.

4.15. Caso Springbooks

Conforme mencionado no Capítulo 2, a Springbooks começou como uma pequena livraria, mas ao longo do tempo evoluiu para uma grande empresa com muitas lojas. Como consequência, o volume total de livros e seus requisitos de armazenagem também aumentaram.

A Springbooks internacional precisa lidar com um monte de informações. Alguns livros são populares em todos os países e outros apenas em países específicos.

Livros populares devem sempre existir no estoque e devem ser entregues em um curto espaço de tempo. Revistas não vendidas devem ser enviadas de volta para a editora. Informações de clientes são compartilhadas com outras lojas da Springbooks, mas não são compartilhadas com parceiros da Springbooks. Todos esses fluxos de informação devem estar de acordo com as leis locais e internacionais (de privacidade) e são cruciais para conseguir o menor custo para a organização.

Seu trabalho é reconhecer os problemas de segurança mais importantes, tratando da gestão da informação. Desenvolva uma "imagem" da arquitetura da informação (por escrito e/ou desenhado) para mostrar o fluxo de informações entre as livrarias locais e internacionais. Separe as informações nacionais e internacionais, a segurança e a arquitetura das informações compartilhadas, e mostre e explique por que algumas informações não podem ser compartilhadas com as sedes de outros países.

Com base na Springbooks, descreva resumidamente as fontes de fluxo de informação mais importantes a serem identificadas em uma livraria (internacional) e as questões de segurança mais importantes para uma livraria internacional. Lembre-se do capítulo sobre a organização da Springbooks e pense em função dos três principais pilares da segurança da informação:

- Confidencialidade.
- Integridade.
- Disponibilidade.

5. Políticas de Segurança da Informação

5.1. Diretivas gerenciais para a segurança da informação

5.1.1. Políticas para a segurança da informação

Ao estabelecer uma política para a segurança da informação, a administração provê as diretivas e o apoio para a organização. Essa política deve ser escrita em conformidade com os requisitos do negócio, bem como com as leis e os regulamentos relevantes. A política de segurança da informação deve ser aprovada pelo conselho de administração e publicada para todo o seu pessoal e todos os parceiros externos relevantes, tais como clientes e fornecedores. Na prática, ela é distribuída normalmente como uma versão resumida, delineando os principais pontos. Essa distribuição pode ser feita na forma de um folheto emitido para todos os funcionários e incluído como uma parte do termo de introdução para novos funcionários. A versão completa pode ser publicada na *intranet* da empresa ou em algum outro local que seja facilmente acessível para todos os funcionários. Entretanto, somente a publicação na *intranet* não é garantia de que será lida por todos os funcionários. Deve haver algum programa de conscientização bem balanceado para alcançar todos os funcionários.

É comum um documento de políticas ter uma estrutura hierárquica. Vários documentos de política são desenvolvidos, tendo como base uma política de segurança corporativa de alto nível. Eles devem estar sempre em conformidade com a política corporativa e prover diretrizes mais detalhadas para uma área específica. Um exemplo disso é um documento de política sobre o uso de criptografia.

Os seguintes itens podem então ser escritos, com base em documentos de política:

- Regulamentos. Um regulamento é mais detalhado que um documento de política. Regulamentos são normalmente considerados obrigatórios e a sua não observância pode levar a procedimentos disciplinares.
- Procedimentos descrevem em detalhes como medidas particulares devem ser conduzidas e podem, por vezes, incluir instruções de trabalho, como, por exemplo, uma política de mesa limpa. Visando assegurar que materiais sensíveis não sejam facilmente removidos, é necessária a política de mesas limpas. Nenhuma informação deve ser deixada sobre uma mesa sem supervisão de alguém e, após o expediente, toda informação deve ser guardada em algo que possa ser trancado.
- Diretrizes, como o termo sugere, fornecem orientações. Elas descrevem quais aspectos têm de ser examinados em função de determinados pontos de vista de segurança. Diretrizes não são obrigatórias, mas são de caráter consultivo.
- As normas podem compreender, por exemplo, a configuração padrão de certas plataformas.

Um exemplo importante de norma é a ISO/IEC 27001:2013. Trata-se de uma norma para estabelecer a segurança da informação na organização. A Parte I, ISO/IEC 27001, descreve o sistema de gestão (*Information Security Management System* - ISMS). A Parte II, ISO/IEC 27002:2013, a qual é também chamada de Código de prática para controles de segurança da informação, desenvolve esse sistema de gestão por meio de diretivas práticas. Uma organização pode ser certificada com a ISO/IEC 27001:2013 e, consequentemente, mostrar aos seus fornecedores e clientes que atende aos requisitos de qualidade de segurança da informação. O código de prática para controles de segurança da informação é aplicável a todas as organizações, pequenas ou grandes, governo ou empresas.

5.1.2. Revisão das políticas de segurança da informação

A ISO/IEC 27002:2013 estabelece que as políticas de segurança da informação devem ser revisadas em intervalos planejados ou se ocorrerem mudanças significativas, a fim de assegurar sua contínua conformidade, adequação e eficácia. Cada política deve ter um encarregado, que tenha responsabilidade gerencial aprovada para o desenvolvimento, a revisão e a avaliação de políticas. A revisão deve incluir a avaliação de oportunidades de melhoria de políticas da organização e a abordagem da gestão da segurança da informação em resposta a mudanças no ambiente organizacional, nas circunstâncias de negócio, nas condições legais ou no ambiente técnico.

A revisão de políticas para a segurança da informação deve levar em conta os resultados das revisões gerenciais. Deve ser obtida aprovação da gerência para a política revisada.

6. Organização da Segurança da Informação

Nos capítulos anteriores, olhamos de perto a segurança física do ambiente de trabalho e a segurança técnica da infraestrutura de TI. Este capítulo examinará várias medidas organizacionais. Medidas de segurança organizacionais estão muitas vezes intimamente ligadas às medidas técnicas. Onde for relevante, faremos referência às medidas técnicas que forem necessárias, a fim de poder realizar ou aplicar essas medidas organizacionais.

Iremos, por exemplo, olhar mais de perto políticas (de segurança), o ciclo PDCA e os componentes da ISO/IEC 27001 e 27002, uma importante norma internacional para segurança da informação. Discutiremos também o processo de segurança da informação e a forma pela qual a segurança da informação pode ser propagada na organização.

Como lidamos com desastres? O que exatamente são desastres e como nos preparamos para eles?

Se um desastre estiver por acontecer, que procedimentos serão seguidos visando garantir a segurança das pessoas e de outros ativos, e retornar à operação o mais cedo possível? Vamos também examinar a comunicação e os processos operacionais, os procedimentos de teste e a gestão do ambiente de TI por um provedor externo.

6.1. Papéis e responsabilidades da segurança da informação

É necessário ter um sistema documentado onde os ativos e processos de segurança da informação são identificados e descritos. Todo e qualquer ativo ou processo de segurança da informação deve ser atribuído a pessoas. Essas pessoas devem ser competentes para as atribuições dadas. Além disso, a coordenação e a supervisão dos aspectos de segurança da informação referentes ao relacionamento com os fornecedores devem ser identificadas e documentadas.

É recomendável integrar papéis e responsabilidades de segurança na organização e nomear um encarregado para cada ativo, que se torna então responsável pela sua operação diária. O encarregado da segurança ou o gerente de segurança da informação não deve ter a responsabilidade total, mas possuir um papel consultivo junto à administração central e coordenar o processo geral de segurança da informação dentro da organização.

Dependendo do tamanho da organização, pode haver uma gama de funções ou posições para as várias responsabilidades de segurança da informação. Essas funções podem variar quanto aos títulos que lhes são dados, mas são definidas mais ou menos conforme o que segue:

- O Chefe de Segurança da Informação (*Chief Information Security Officer* - CISO) está no mais alto nível gerencial da organização e desenvolve a estratégia geral de segurança para toda a empresa.
- O Encarregado da Segurança da Informação (*Information Security Officer* - ISO) desenvolve a política de segurança da informação de uma unidade de negócio com base na política da empresa e assegura que ela seja seguida.
- O Gerente de Segurança da Informação (*Information Security Manager* - ISM) desenvolve a política de segurança da informação dentro da organização de TI e assegura que ela seja seguida.

Além dessas funções, que são especificamente voltadas para a segurança da informação, uma organização pode ter um Encarregado da Política de Segurança da Informação (*Information Security Policy Officer*) ou um Encarregado da Proteção de Dados (*Data Protection Officer*).

6.1.1. Separação dos deveres

Tarefas e responsabilidades devem ser separadas a fim de evitar a chance de alterações não autorizadas ou não intencionais, ou o uso indevido dos ativos da organização. Na separação dos deveres, é feita uma revisão para saber se uma pessoa realiza tomada de decisões, tarefas executivas ou de controle. Também é decidido se a pessoa precisa de acesso à informação. O acesso sem necessidade aumenta o risco de a informação ser utilizada, alterada ou destruída, intencionalmente ou não. Trata-se do princípio da "necessidade de conhecer". O funcionário médio em uma empresa listada na bolsa de valores, por exemplo, não tem acesso às informações da empresa relativas ao seu desempenho na bolsa de valores, tais como lucro e perda esperados e valores anuais. Esse conhecimento prévio pode levar a abuso de informação privilegiada (*insider trading*), o que é ilegal.

Tão logo as funções do pessoal e as necessidades de acesso sejam definidas, as tarefas podem ser divididas, a fim de reduzir os riscos para a organização. Um exemplo é a transferência de grandes quantias de dinheiro.

Um membro da equipe prepara a transação e outro autoriza o lançamento. Pode haver outro membro da equipe que confere se a operação foi realizada corretamente e com legitimidade.

Pode ser difícil para pequenas empresas aplicarem a separação de funções, mas esse princípio deve ser aplicado até onde for possível e prático. Quando não for prático separar adequadamente as funções, então medidas de controle alternativas devem ser investigadas e implementadas onde for possível.

6.1.2. Contato com autoridades

Contatos apropriados devem ser mantidos com as autoridades policiais locais, pessoal de apoio de emergência e provedores de serviços. As organizações devem ter procedimentos disponíveis que especifiquem quando e por quem as autoridades devem ser contatadas no caso em que leis possam ter sido quebradas. Quando sob ataque oriundo da internet, é necessário entrar em contato com as autoridades para que sejam tomadas medidas contra a fonte do ataque.

Em relação à continuidade do negócio, também é recomendável o contato com outras autoridades, tais como os serviços de emergência, fornecedores de eletricidade e serviços públicos, como, por exemplo, o corpo de bombeiros. Além disso, também é uma opção sensata o contato com provedores de telecomunicações e de internet, no que diz respeito a problemas com eles.

Muitos incidentes e problemas relacionados podem ter que ser classificados, e as autoridades afins listadas junto aos respectivos incidentes. Portanto, é importante manter esses detalhes à mão, uma vez que não haverá tempo para buscar essa informação quando você estiver sob alguma forma de ataque.

6.1.3. Contato com grupos de interesse especiais

A afiliação a grupos de interesse especiais deve ser mantida, a fim de melhorar o conhecimento e obter acesso aos conselhos de segurança de um especialista. Busque empresas que forneçam orientação e informações sobre correções relacionadas ao hardware e ao software em uso.

6.1.4. Segurança da informação e gerenciamento de projetos

Segurança da informação deve ser uma parte integral de todo projeto de uma organização e deve ser incluída na atividade de iniciação do projeto e nas suas fases subsequentes.

6.2. Dispositivos móveis e trabalho remoto

O uso de equipamentos móveis tem crescido exponencialmente e possui capacidades cada vez maiores. É, portanto, aconselhável ter regras para esses equipamentos. Pense nas implicações da perda de tais dispositivos. Eles são mais do que apenas hardware; eles também contêm software e dados. Muitos dos incidentes que ocorrem envolvem equipamentos móveis. *Laptops* são roubados de carros todos os dias. Muitas vezes, é simples detectar uma bolsa de *laptop* entre outras bagagens em qualquer aeroporto, tornando as coisas mais fáceis para os ladrões. Se possível, deixe seus equipamentos móveis no trabalho; caso contrário, providencie meios adequados de armazenamento quando estiver viajando, em conjunto com um seguro.

Adote uma política de segurança que descreva técnicas, tais como zero rastros (*zero footprint*), tunelamento (*tunneling*), proteção contra *malware*, controle de acesso, restrição para instalação de software, registro de dispositivos, criptografia, *backups*, atualizações de software, fortalecimento (*hardening*) e treinamento de usuários.

Usuários NÃO devem usar seus dispositivos móveis em locais públicos e em outras áreas desprotegidas.

6.2.1. Trabalho remoto

O propósito de uma política de trabalho remoto é garantir que os benefícios do trabalho remoto possam ser alcançados sem aumentar indevidamente o risco aos ativos de informação da organização.

Muitos dos controles de segurança existentes que são construídos de forma invisível em um ambiente de trabalho provavelmente estão ausentes em um local de trabalho remoto. Assim, eles devem ser substituídos por políticas e procedimentos adequados. A necessidade por políticas formais pode aumentar se um funcionário trabalha de casa, onde pode haver a tentação de um deslize para um estilo de comportamento doméstico em vez de profissional.

Toda organização que permite que sua equipe trabalhe remotamente só deve fazê-lo com base na avaliação do risco que isso representa. Medidas de controle apropriadas provavelmente requerem a provisão de um equipamento tanto no local da organização quanto no local remoto, particularmente para garantir a segurança adequada das comunicações. Softwares e equipamentos devem ser licenciados e passar por manutenção: as licenças locais devem ser verificadas para assegurar se cobrem o trabalho remoto e devem ser encontrados alguns meios adequados para a manutenção do equipamento e para continuar a trabalhar se o equipamento falhar. Também será necessário garantir que as instalações apropriadas do escritório estejam disponíveis no local do trabalho remoto: isso deve incluir pelo menos armazenamento seguro para documentos e mídias sensíveis e, possivelmente, outros equipamentos como trituradores de papel. Embora os requisitos gerais de uma política de segurança sejam aplicados a todas as pessoas que trabalham remotamente, os riscos podem ser muito diferentes em cada caso, dependendo do local de trabalho remoto e da criticidade dos ativos de informação que o membro da equipe utilizará. Portanto, é provável que o contrato de trabalho remoto de cada indivíduo requeira a sua própria avaliação de risco, e que cada contrato seja diferente em algum detalhe.

Os quatro elementos a seguir devem ser considerados durante o desenvolvimento de uma política de trabalho remoto e oferecem sugestões de instrução para tal política:

- Autorização.
- Provisão de equipamentos.
- Segurança da informação durante o trabalho remoto.
- Uso do equipamento de trabalho remoto.

7. Segurança dos Recursos Humanos

Pessoas também podem ser consideradas um ativo da empresa. Seus conhecimentos e habilidades são ativos valiosos, e medidas são necessárias para proteger esse valor.

Todas as pessoas são responsáveis pela segurança da informação. Essa responsabilidade deve ficar clara no contrato de trabalho. O manual dos funcionários deve conter um código de conduta, junto com as sanções que serão impostas no caso do seu não cumprimento e se surgirem incidentes como consequência. O código de conduta pode estabelecer, por exemplo, que e-mails privados não são permitidos. O gerente é responsável pela correta descrição dos cargos e é, portanto, também responsável pelos vários aspectos relacionados ao trato da informação nas diversas posições.

Quando uma pessoa se candidata a um emprego que envolve o trabalho com informações sensíveis, as referências, a identidade e os diplomas devem todos ser checados. Em alguns países é possível obter um certificado de bons antecedentes. Se uma pessoa cometeu algum crime, isso pode ser trazido à luz ao tornar compulsório o preenchimento de um "certificado de bons antecedentes". Esses certificados podem ser emitidos pelo Departamento de Justiça ou alguma outra organização. A verificação dos antecedentes pode ser providenciada por um serviço de segurança pública e deve ter uma abrangência maior que apenas a sua localidade. Por exemplo, uma verificação de infrações penais nos EUA deve ser feita em todos os 50 estados e não apenas no condado ou estado local.

A empresa deve ter procedimentos rigorosos para quando o funcionário entra ou sai do emprego, ou quando muda de função dentro da organização. Não se pode esquecer de mudar ou remover direitos e recolher equipamentos e permissões. Os direitos de acesso devem ser controlados regularmente.

7.1. Antes do emprego

7.1.1. Triagem e acordo de não divulgação

Para uma função que envolva confidencialidade, essa confidencialidade deve ser observada mesmo após o fim do emprego. O gerente é responsável por documentar regras especiais para funções específicas. Em todos os casos, toda pessoa com função que envolva confidencialidade deve assinar um acordo de não divulgação (*Non-Disclosure Agreement* - NDA). Também é geralmente o caso de ter que apresentar um atestado de boa conduta ou concordar com uma verificação de antecedentes.

Eles também podem ter que passar por uma triagem ou verificação de segurança. O quão profunda é essa triagem vai depender do nível de confidencialidade associada à função em questão.

Tome, por exemplo, guardas de segurança, gerentes e pessoal da área financeira. A triagem é muito custosa. O governo possui organizações que conduzem tal triagem. As empresas podem, por vezes, usar tais organizações se realizarem trabalhos contratados pelo governo. Contudo, também existem organizações privadas que conduzem essas triagens.

7.1.2. Contratados

Os requisitos de segurança que se aplicam ao pessoal de uma organização também devem ser aplicados a qualquer pessoa que a organização possa contratar temporariamente. Os contratos escritos com os fornecedores de tal pessoal, tais como agências de recrutamento, devem incluir sanções no caso de violações.

7.2. Durante o emprego

7.2.1. Responsabilidades da gerência e conscientização

A gerência deve garantir que todo o pessoal está habilitado a aplicar a segurança da informação de acordo com a política da organização, ao fornecer as diretrizes antes de dar acesso à informação. Os funcionários devem atingir um nível de conscientização apropriado para a sua função.

Uma das medidas mais eficazes para a segurança da informação é a equipe assistir a um curso de conscientização de segurança quando estiver entrando no emprego. Esse curso pode ser parte do seu treinamento de admissão.

A fim de apoiar a conscientização sobre segurança da informação, vários meios podem ser usados: folhetos, brochuras, mensagens em telas de computador, *mousepads*, boletins informativos, vídeos e cartazes.

Grandes organizações frequentemente organizam cursos separados de conscientização sobre segurança da informação para pessoas como gerentes de sistemas, desenvolvedores, usuários e pessoal de segurança. Outros grupos também podem se beneficiar de cursos que são específicos para seu trabalho em particular. Esses cursos e campanhas focam particularmente nas regras da companhia relacionadas à segurança da informação e nas ameaças esperadas.

Documentação e informações de segurança devem estar disponíveis para todos na organização.

Diferentes documentos são produzidos para diferentes públicos-alvo (usuários, gerentes, desenvolvedores, etc.). A documentação precisa ser revista periodicamente, mas também quando houver mudanças ou quando aparecer qualquer ameaça nova.

O *staff* deve estar ciente da importância de não permitir que informações da empresa sejam divulgadas abertamente. Diariamente, atividades e contatos sociais, tais como aniversários, clubes, reuniões com os amigos e, em particular, com conhecidos casuais, formam um risco. A informação tende a ser mais facilmente compartilhada em uma atmosfera relaxada, o que pode então fazer com que caia nas mãos erradas.

Engenharia social é um exemplo de tentativa consciente de extrair informações de uma vítima não voluntária. Por exemplo, alguém pode tentar ganhar a confiança de um empregado fingindo ser um colega ou um fornecedor, mas, na realidade, está de fato tentando obter informações confidenciais. Em grandes organizações onde nem todos se conhecem há uma grande chance de sucesso.

O engenheiro social tira vantagem das fraquezas das pessoas. Quando, por exemplo, ouvimos alguém falar usando um jargão correto, assumimos que a pessoa seja parte da organização. Obviamente, o engenheiro social pode simplesmente ter ouvido esses termos no café.

As violações de segurança da informação realizadas por todo tipo de pessoa dentro da organização devem ser acompanhadas por um processo disciplinar, que está descrito na política da organização e que é abordado durante o treinamento de conscientização. Mas isso pode não ser apropriado para todas as organizações - tente pensar em incentivos para quem age de forma responsável e procure maneiras de recompensar o bom comportamento.

7.3. Rescisão e mudança de emprego

Pode ser necessário que, após a cessação ou mudança de emprego, algumas responsabilidades de segurança da informação continuem a ser aplicadas ao pessoal envolvido, por exemplo, para assegurar a confidencialidade dos conhecimentos sobre os procedimentos de segurança dentro da organização. Se for o caso, isso deve ser abordado dentro de acordos de confidencialidade e, talvez, também nos contratos de emprego. Além da proteção do conhecimento, um processo adequado deve ser mantido para garantir que quando alguém deixa a organização todos os seus direitos são revogados e todos os ativos são devolvidos à organização.

8. Gestão de Ativos

8.1. Responsabilidade pelos ativos

Os ativos de negócio são necessários para uma organização. Eles custam dinheiro ou possuem certo valor.

Os ativos de negócio incluem:

- Informações na forma de documentos, base de dados, contratos, documentação de sistemas, procedimentos, manuais, *logs* de sistemas, planos e guias.
- Programas de computador, tais como programas do sistema, programas do usuário e programas de desenvolvimento.
- Equipamentos como servidores, PCs, componentes de rede e cabos.
- Mídias como CD-ROMs, *pen drives*, HDs externos, etc.
- Serviços como construções, equipamentos de fabricação, instalações de distribuição, etc.
- Pessoas e seus conhecimentos.
- Ativos não tangíveis, tais como a imagem e a reputação da organização.

Os ativos da empresa devem ser classificados a fim de permitir a definição de níveis de segurança para eles. Isso é responsabilidade do proprietário. Cada ativo deve ter um dono e deve ser registrado em uma base de dados gerenciada de forma centralizada.

Um bom e completo registro dos ativos da empresa é necessário para a análise de riscos (veja o Capítulo 3 para mais informações sobre ameaças e riscos). Adicionalmente, às vezes registros são necessários para seguros, contabilidade financeira e requisitos legais (por exemplo, o registro de dados pessoais em conformidade com a legislação para a proteção de tais dados). É melhor auditar os registros de ativos da empresa duas vezes por ano e produzir um relatório sobre isso para a administração da empresa.

As informações que são gravadas sobre um ativo da empresa são:

- O tipo de ativo da empresa.
- O dono.
- A localização.
- O formato.
- A classificação.
- O valor para o negócio.
- O custo inicial.
- A idade.
- O custo estimado de reposição.

Essas informações podem ser necessárias, por exemplo, para a recuperação que se segue a um incidente ou desastre.

O dono é a pessoa responsável por um processo, subprocesso ou atividade de negócio e cuida de todos os aspectos dos ativos de negócio, incluindo segurança, gestão, produção e desenvolvimento.

8.2. Gerenciando os ativos de negócio

Uma forma de controlar ou gerenciar riscos é exercer controle sobre as mudanças que representem algum tipo de risco. Esse controle pode ser feito de várias formas. Há vários modelos e métodos disponíveis que ajudam a exercer o controle, por exemplo, no COBIT®, na ISO 20000 e no ITIL®.

Cada um desses modelos ou métodos possui uma série de elementos básicos que ajudam no processo de controle. Os elementos básicos são:

- Entendimentos sobre como lidar com os ativos da empresa.
- Entendimentos (processos) sobre como as mudanças ocorrem.
- Entendimentos sobre quem pode iniciar e executar as alterações e como essas alterações serão testadas.

Uma armadilha que surge ao estabelecer esses entendimentos, muitas vezes burocraticamente interpretados, é que eles podem ser elevados a um objetivo em vez de focar em seu significado.

COBIT® (*Control Objectives for Information and related Technology*) significa objetivos de controle para tecnologias da informação e afins e é uma estrutura para a criação e avaliação de um ambiente de TI, de forma organizada. A versão mais recente do COBIT® é a 5.

ITIL® (*Information Technology Infrastructure Library*) significa biblioteca de infraestrutura de tecnologia da informação e foi desenvolvido como uma estrutura de referência para estabelecer processos de gestão dentro de uma organização de TI. A versão mais recente é de 2011. A norma internacional ISO 20000 está diretamente relacionada ao ITIL®.

8.3. Entendimentos sobre como lidar com ativos de negócio

O propósito de documentar como lidar com ativos de negócio é evitar erros que possam surgir pelo uso incorreto. Uso incorreto também pode levar a um dano desnecessário. Considere, por exemplo, uma simples regra como não colocar papéis que contenham metal (clipes, grampos) em um triturador de papéis. Quanto mais complexo for o ativo, mais útil será definir instruções e direções claras.

8.4. O uso de ativos de negócio

O uso de ativos de negócio é sujeito a certas regras. Essas regras podem ser providas em um manual e podem, por exemplo, incluir instruções de como usar equipamentos móveis quando fora da organização. A implementação de tais regras está incluida no âmbito das medidas organizacionais.

8.5. Classificação da informação

Em primeiro lugar, começaremos com uma explicação de alguns termos:

- A classificação é usada para definir diferentes níveis de sensibilidade na qual a informação deve ser estruturada.

- Classificar é o ato de atribuir a classificação apropriada – tal como secreto, confidencial ou público – a uma informação específica. Este termo é frequentemente usado no governo.
- Designar é uma forma especial de categorizar a informação, por exemplo, de acordo com um determinado assunto da organização ou um grupo de pessoas autorizadas.
- O dono é a pessoa encarregada de um ativo de negócio.

Uma pasta na rede contendo informações pode, por exemplo, ter um dono. Se alguém deseja ter acesso a essa pasta, o dono tem que dar a permissão. Com *laptops*, o usuário normalmente é registrado como custodiante, não dono. O "dono" tem autoridade sobre o ativo, o "detentor" tem a responsabilidade diária sobre este; eles não devem ser a mesma pessoa.

O dono de um ativo de negócio atribui uma classificação apropriada de acordo com uma lista acordada de classificações. A classificação indica a forma de segurança que é necessária. Isso é determinado em parte pela sensibilidade, pelo valor, pelos requisitos legais e pela importância para a organização. A classificação está de acordo com a forma como o ativo de negócio é utilizado no negócio.

O dono do ativo de negócio deve assegurar que ele seja reclassificado se necessário. Se ativos de negócio de uma organização estiverem classificados, apenas o dono é capaz de reduzir a classificação (a categoria) ou dar permissão para que isso seja feito. A informação, por exemplo, pode ser classificada como confidencial até o momento da sua publicação, mas, uma vez que a informação tenha sido tornada pública, a classificação é reduzida.

Se um ativo possui uma classificação, é dada a ele uma marcação ou uma etiqueta. Isso pode ser colocado fisicamente e de forma visível no ativo de negócio, tal como no monitor do computador e nos cabos de transmissão, ou dentro do ativo, tal como no caso de documentos digitais, bases de dados, gravações e mensagens. Uma medida para documentos é deixar a categoria visível em um determinado lugar do documento. Todos os documentos contendo informações restritas devem ter um número de cópia ou versão, bem como numeração de páginas. Também deve ficar claro quantas páginas o documento possui. Trata-se de uma medida bastante rigorosa, assim como deve ser possível checar cada uma das medidas.

Praticamente todos os governos utilizam um sistema de sigilo hierárquico, o qual atribui um nível de sensibilidade aos dados. Do mais alto para o mais baixo, normalmente são: ultrassecreto, secreto, confidencial e restrito.

Uma designação pode ser adicionada a essa classificação. Essa designação pode indicar um grupo específico de pessoas autorizadas. Um exemplo disso é: Altamente Confidencial da Polícia, Criptografia.Um documento com esta classificação e designação destina-se a ser manipulado apenas por pessoal autorizado a utilizar métodos de criptografia. No governo, as pessoas são filtradas até o nível indicado pela classificação. Outras diretrizes também devem ser seguidas, tais como o acesso à informação com base na necessidade de conhecer e, é claro, a política de mesa limpa.

O dono determina quem tem acesso aos ativos de negócio específicos e designados e quem não tem. A classificação de um ativo de negócio também determina como ele pode ser fisicamente armazenado. Para isso, as instalações do negócio são, às vezes, divididas em compartimentos, com requisitos de segurança diferentes para cada compartimento e crescentes níveis de segurança. Veja seção 11.1.1 Anéis de proteção.

O uso de classificações é muito difícil de implementar em uma organização, uma vez que as pessoas precisam pensar com cuidado se forem aplicar classificações de forma apropriada. Outra possibilidade é não atribuir classificação a informações não sigilosas. Essa informação é pública.

Se o supracitado for um risco, pode ser uma política classificar toda informação como altamente sigilosa. Assim, os novos ativos serão protegidos em vez de se assumir que eles devam ser "públicos". A aquisição descuidada de um novo recurso é então detectada quando as pessoas que precisam usá-lo não conseguem realmente fazê-lo!

8.6. Manuseio de mídia

Aqui usado, "mídia" refere-se a qualquer coisa em que dados possam ser gravados: papel, CDs, DVDs, *pen drives*, discos rígidos, fitas de *backup*, *blackberries*, telefones móveis, etc.

O propósito de ter diretrizes sobre como manusear mídias é evitar que informações valiosas caiam em mãos erradas e prevenir as seguintes consequências:

publicação não autorizada, mudanças, eliminação ou destruição de ativos ou interrupção de atividades de negócio.

A forma na qual a mídia deve ser manuseada é frequentemente ligada ao sigilo ou à classificação (categoria) e é documentada em procedimentos. Após o prazo de armazenamento ter expirado, arquivos com informações sensíveis são postos em uma trituradora ou destruídos por uma empresa certificada. *Pen drives* são esvaziados, preferencialmente usando uma ferramenta "varredora" que destrói os dados de forma segura. Adicionalmente, PCs prontos para descarte não são simplesmente jogados fora no lixo, mas talvez reciclados (com o disco rígido devidamente limpo) usando um serviço profissional e ecologicamente correto.

8.7. BYOD

Em relação à propriedade de ativos, há um termo que não deve ser esquecido. É *Bring Your Own Device* (BYOD), ou "traga o seu próprio dispositivo", onde as empresas dão ao seu pessoal a possibilidade de usar dispositivos próprios para trabalhar na companhia. Se esse for o caso, os ativos pessoais (um tablet, laptop ou telefone celular) possuem informações de negócio e essas informações devem ser protegidas da mesma forma. Deve haver uma política para BYOD na empresa e as informações nos ativos BYOD devem ser protegidas.

8.8. Na prática

Nós sempre pensávamos que um CD-ROM fosse durar para sempre. Na realidade, entretanto, depois de dois a cinco anos, a maioria dos CDs que gravamos por conta própria perde tanta qualidade que a maior parte dos dados é inútil.

Alguns pontos importantes:

- A mídia deve ser removida ou apagada de forma segura se não for mais necessária.
- Manuais e documentos do sistema devem ser mantidos em local seguro e atualizados regularmente.
- O transporte de mídias, que certamente estão bem embaladas, deve ser feito por uma empresa transportadora reconhecida que forneça as condições físicas corretas (proteção eletromagnética, temperatura e umidade).

Caso Springbooks

Um funcionário da Springbooks perdeu backups contendo dados de pelo menos 2,2 milhões de clientes. Os dados estavam em fitas backup e incluíam informações sobre todos os clientes ao longo dos últimos 16 anos. As fitas continham informações, nomes, dados demográficos e muitos outros itens sensíveis.

Um transportador ia pegar as fitas, mas um funcionário decidiu levá-las para casa e carregá-las em seu próprio carro. Enquanto estavam em sua casa, elas foram roubadas, provavelmente por um ladrão que pensou que era uma caixa de dinheiro. O funcionário, que havia trabalhado para a empresa por 18 anos, foi demitido.

9. Controle de Acesso

9.1. Requisitos de negócio para o controle de acesso

Conforme afirmado anteriormente, o dono do negócio é a pessoa responsável por um processo, subprocesso ou atividade de negócio. Essa responsabilidade inclui a definição de quem pode ter acesso aos ativos, incluindo ativos de informação, e sob quais condições. Os requisitos podem vir de objetivos do negócio, legais e outros requisitos regulatórios. Uma avaliação de risco deve ser usada para determinar o quão estritos esses controles de acesso devem ser, visando limitar os riscos identificados relacionados à obtenção de acesso a ativos. Os controles de acesso são uma combinação de controles de acesso lógico, relacionados a sistemas de informação, e controles de acesso físico.

"Uma política de controle de acesso deve ser estabelecida, documentada e revisada com base nos requisitos de negócio e de segurança da informação" (ISO 27002:2013 definição da seção 9.1.1). Isso significa que o controle de acesso lógico também pretende prevenir que pessoas não autorizadas ganhem acesso lógico a qualquer coisa que tenha valor para a organização. Em organizações com políticas estritas de conformidade, as autorizações são normalmente concedidas pela pessoa responsável pelo ativo, geralmente um gerente. Também é possível que, em certos casos, usuários individuais autorizem o acesso de outros usuários a ativos, tais como informações ou aplicações.

Uma autorização consiste em um conjunto de permissões. Tais permissões podem ser muito simples, por exemplo, o direito de ler um determinado arquivo ou alterar um registro em um banco de dados. As permissões também podem ser muito complexas, como as permissões necessárias para fazer pagamentos bancários a fornecedores com base em faturas. No último caso, a autorização de usuário requer ao menos a permissão para ler faturas de fornecedores, juntamente com permissões para fazer pagamentos bancários com base nas faturas.

Alguns exemplos de tipos de acesso que devem ser levados em consideração ao definir controles de acesso são:

- Acesso a redes e serviços de rede.
- Acesso a aplicações de negócio.
- Acesso a equipamentos de TI.
- Acesso à informação.

9.2. Gestão de acesso do usuário

A gestão de acesso do usuário incorpora as atividades que são requeridas para prevenir que ativos sejam acessados por usuários não autorizados e garantir que estes sejam acessados somente por usuários autorizados. Para isso, é necessário ter as seguintes atividades:

- Registro e cancelamento de registro de usuário.
- Provisionamento de acesso de usuário.
- Gestão de direitos de acesso privilegiado.
- Gestão de informações secretas de autenticação de usuários.
- Revisão dos direitos de acesso de usuário.
- Remoção ou ajuste dos direitos de acesso.

Conceder acesso a usuários autorizados envolve uma série de etapas que incluem a identificação do usuário, a autenticação deste usuário e a autorização do usuário para acessar um ativo. Identificação é o primeiro passo no processo de concessão de acesso. Na identificação, uma pessoa apresenta um *token*, por exemplo, um número de conta ou nome de usuário. O sistema, então, precisa determinar se o *token* é autêntico. Para determinar a autenticidade de um nome de usuário, por exemplo, o sistema verifica se tal nome existe dentro do sistema. Se o nome de usuário existir, é solicitada ao usuário uma senha. O sistema testa se a senha está registrada para o nome de usuário fornecido. Se ambos os testes forem válidos, o usuário será autenticado. Neste exemplo, a autenticação do nome de usuário é baseada na sua existência no sistema e em uma senha válida. A partir dessas informações, pode-se deduzir que um usuário válido está solicitando acesso. Posteriormente, o sistema verifica os recursos aos quais o acesso pode ser concedido, com base nas permissões atreladas ao usuário autenticado.

Caso Springbooks

Um usuário verifica o catálogo on-line da livraria Springbooks. Nenhuma autenticação de usuário é necessária nesse momento, uma vez que o usuário não está realizando qualquer transação vista como um risco.

Subsequentemente, o usuário clica em um livro pedindo para colocá-lo em um carrinho de compras. Quando ele quiser concluir a compra, a fim de enviar o livro para seu endereço residencial, a livraria precisa ter garantia de que o livro será pago antes de ser enviado.

O sistema pede ao usuário para fornecer um número de cliente e senha e, com base nisso, o sistema define que este é um usuário registrado e lhe dá acesso às páginas de pedidos da livraria on-line. Para completar a compra e remeter o livro, este precisa ser pago antes de ser enviado. Portanto, o sistema solicita ao usuário que forneça detalhes do cartão de crédito.

Uma vez verificados os detalhes do cartão de crédito e autorizado o pagamento pela empresa de cartão de crédito, a compra do livro é concluída e o livro é enviado para o usuário.

9.3. Responsabilidades do usuário

Para que o controle de acesso funcione, é fundamental que os usuários conheçam suas responsabilidades em termos de manter as informações e os ativos seguros e protegidos. Para conseguir isso, os usuários devem ser responsáveis por suas próprias informações de autenticação, salvaguardando essas informações. Isso significa, por exemplo, que um usuário deve manter sua senha segura e não a compartilhar com outros. Em algumas organizações, são usados *tokens* para se logar na rede, por exemplo, ao trabalhar em um local fora dos perímetros da organização. Os usuários devem estar cientes de que precisam ter cuidado para que seu *token* não seja perdido ou roubado – e, se for perdido, eles devem informar imediatamente a pessoa responsável pela segurança na organização, uma vez que um *token* é uma parte da obtenção de acesso à rede e pode ser usado por um atacante.

9.4. Acesso a sistemas e aplicações

Ao configurar um sistema de controle de acesso, deve-se levar em conta quem precisa do acesso à informação. Restringir o acesso à informação é sempre um ato de equilíbrio. Restringir o acesso à informação de forma demasiadamente rigorosa geralmente faz com que os usuários sejam impedidos de desempenhar as suas tarefas. Por outro lado, não estabelecer restrições suficientes ao acesso à informação significa uma maior chance de que pessoas não autorizadas possam acessar informações a que não devem ter acesso. Ambos os efeitos são negativos para a organização.

Procedimentos seguros de *logon* também fazem parte dos controles de acesso a sistemas e aplicativos. O objetivo é ajudar o usuário a fazer *logon* e não dar nenhuma informação útil a um atacante. Medidas que podem ser tomadas, por exemplo, são não mostrar um nome padrão de usuário e, se o nome do usuário ou a senha forem inseridos incorretamente, então o sistema não deve informar qual dos dois estava incorreto, de forma a não ajudar qualquer atacante a ter acesso ao sistema ou à aplicação. Também é sensato não mostrar muitas informações sobre o sistema ou aplicativo no *logon*, pois isso pode ajudar um atacante a determinar se um sistema ou aplicativo é o que ele ou ela está procurando.

Para ajudar os usuários a detectar se outra pessoa está usando sua conta, uma mensagem pode ser exibida, depois de feito o *login* com êxito, indicando a última vez que houve um *login* bem-sucedido e também mostra quaisquer tentativas malsucedidas de *login*. Normalmente, um usuário sabe quando fez *login* e essas informações podem ser úteis para a detecção de qualquer uso suspeito de uma conta.

A fim de manter as senhas seguras, pode ser usado um sistema de gerenciamento de senhas. Um bom sistema de gerenciamento de senhas pode ajudar um usuário a manter suas senhas.

Outra forma de manter seguros os sistemas de controle de acesso é restringir o uso de programas utilitários privilegiados, tais como verificadores de senha e ferramentas usadas por administradores para manter o sistema. Normalmente, esses utilitários têm uma funcionalidade adicional que, nas mãos de um usuário não qualificado, pode levar a sérios problemas de sistema e nas mãos de um atacante pode levar a um comprometimento do sistema.

Para manter aplicações e sistemas seguros contra alterações não autorizadas ou acidentais, é importante também ter controles de acesso rígidos ao código-fonte e a informações afins (tais como projetos de alto nível, requisitos, especificações e planos de teste). Outra razão para ter um rígido controle de acesso ao código-fonte é proteger qualquer propriedade intelectual que seja usada para desenvolver sistemas e aplicativos.

Formas de controle de acesso lógico são fornecidas na seção a seguir.

9.4.1. Formas de controle de acesso lógico

Vários conceitos diferentes estão disponíveis para implementação de um controle de acesso em um sistema automatizado. O tipo de controle de acesso que deve ser aplicado a um ativo precisa ser determinado pelo seu proprietário. Uma vez escolhido o tipo de controle de acesso, é necessário que este seja implementado pelo desenvolvedor ou administrador do sistema. Os conceitos que são descritos nesta seção são: Controle de Acesso Mandatório (*Mandatory Access Control* - MAC), Controle de Acesso Discricionário (*Discretionary Access Control* - DAC), Controle de Acesso Baseado na Função (*Role-Based Access Control* - RBAC) e Controle de Acesso Baseado em Reivindicações (*Claims-Based Access Control* - CBAC).

Controle de Acesso Discricionário (*Discretionary Access Control* - DAC)

Com o Controle de Acesso Discricionário, o dono dos dados e os usuários individuais são capazes de definir qual acesso será permitido aos seus dados independentemente da política, ao seu critério. Um exemplo disso é dar aos outros acesso ao próprio diretório pessoal. Outro exemplo é o envio de informações a pessoas que não têm acesso a elas. A principal vantagem do DAC é ser muito flexível do ponto de vista do usuário. A desvantagem é que esta forma de controle de acesso não é útil em ambientes onde os requisitos de conformidade são muito rigorosos. Isso é especialmente verdade se o usuário que está concedendo o acesso não é o dono do ativo.

Para se adequar aos requisitos de conformidade, uma organização deve ser capaz de provar que as informações são tratadas de acordo com as políticas estabelecidas. Isso deve ser motivo de preocupação para o dono do ativo, uma vez que ele/ela não pode assegurar que o sistema automatizado opera de acordo com essas políticas. Como resultado, os sistemas que trabalham com essa forma flexível de controle de acesso são geralmente difíceis de auditar.

A principal razão para essa dificuldade é que, com o Controle de Acesso Discricionário, cada usuário toma decisões sobre a concessão de acesso. Para verificar se essas decisões estão alinhadas com uma política, deve estar claro para cada usuário quais foram os motivos para a concessão do acesso e, subsequentemente, esses motivos devem ser checados visando o cumprimento da política de acesso da organização.

Controle de Acesso Mandatório (*Mandatory Access Control* - MAC)

Com o Controle de Acesso Mandatório, as permissões são derivadas de uma política. Donos e usuários somente podem permitir acesso a outros dentro dos limites do que é declarado na política. Normalmente, essa política é gerenciada de forma centralizada. Uma política de MAC contém descrições de sujeitos, como pessoas, sistemas ou aplicações, e objetos como informações, juntamente com outras aplicações ou sistemas.

O MAC usa atributos como credenciais e sigilo que estão ligados a sujeitos e objetos.

Em um sistema baseado em MAC, o acesso é concedido ou negado avaliando se os atributos do sujeito que solicita o acesso correspondem aos requisitos de um objeto.

Em um sistema baseado em MAC os usuários individuais não são capazes de passar por cima das políticas de segurança, como é o caso em um ambiente DAC. Normalmente, as políticas de MAC para um sistema de informação são mantidas por um administrador do sistema. Um exemplo dentro de um ambiente corporativo seria o de servidores onde usuários podem armazenar seus arquivos. Os diretórios (o objeto) aos quais os usuários (o sujeito) têm acesso são determinados centralmente, por exemplo, apenas aqueles diretórios para projetos nos quais uma pessoa está trabalhando. A política de MAC diria que um usuário ou dono de dados pode acessar um diretório se ele estiver trabalhando no projeto relacionado. Não é possível que este usuário altere essa política sem o suporte de um administrador de sistema. Dentro de um ambiente MAC um membro do projeto não será capaz de fornecer a alguém que não é membro o acesso ao diretório do projeto.

Controle de Acesso Baseado na Função (*Role-Based Access Control* - RBAC)

O Controle de Acesso Baseado na Função possui algumas similaridades com o MAC. A principal diferença é que as autorizações não são baseadas em uma avaliação entre atributos. Aqui, as decisões de acesso se baseiam na função dos sujeitos, normalmente pessoas. Um dos motivos para introduzir RBAC é que, dentro de uma organização, há mais usuários do que funções. Visto que a gestão de todas as autorizações para cada usuário custa dinheiro, é possível poupar dinheiro quando podemos reduzir o número de usuários ou autorizações.

Tome o exemplo anterior de um usuário que obteve acesso com base no fato de ele estar trabalhando em um projeto. Dentro de um projeto há, geralmente, diferentes membros com funções distintas. No RBAC um usuário teria um papel dentro de um projeto e, com base em seu papel, seria dado acesso a determinadas partes de um diretório do projeto. Por exemplo, um controlador do projeto teria acesso a informações e entregas financeiras, mas não a quaisquer outras entregas do projeto, como apresentações e relatórios. Por outro lado, um membro do projeto não teria acesso às informações financeiras relacionadas ao projeto em que está trabalhando. O líder do projeto teria acesso a todas as informações relacionadas ao seu projeto. Assim como o MAC, o acesso RBAC é controlado de forma centralizada no nível do sistema de informação, bem fora do controle direto do usuário. O RBAC limita a variação no número de autorizações diferentes dentro de um sistema.

Controle de Acesso Baseado em Reivindicações (*Claims-Based Access Control* - CBAC)

O Controle de Acesso Baseado em Reivindicações é uma forma relativamente nova e mais flexível de controle de acesso. No CBAC, o proprietário da informação ou um sistema define um conjunto de reivindicações necessárias antes de conceder o acesso. Um exemplo de tal afirmação é "o usuário trabalha para a organização X". Outro exemplo de uma reivindicação é "o usuário tem o papel de líder de projeto". Com esta última afirmação, é fácil ver que o controle de acesso baseado em funções pode ser implementado na mesma base do CBAC. A vantagem do CBAC é que ele é mais flexível, uma vez que não se limita a reivindicações relacionadas a um papel.

9.4.2. Guardas de segurança em pontos de acesso

Além do controle de acesso, é importante monitorar quem tem acesso ao quê, e quando há abuso dessa autorização. Na livraria *on-line*, deve ser assegurado que eu não tente obter acesso às informações de pagamento de outros usuários, as quais eu não estou autorizado. Outro exemplo é o acesso que funcionários de logística podem ter ao sistema de pagamento corporativo.

Essa proteção do acesso a certas áreas lógicas pode ser por diversas razões, como restringir os riscos de roubo de identidade ou roubo de dinheiro, bem como cumprir determinados requisitos legais, tais como regulamentos de privacidade. Pode ser necessário demonstrar que apenas as pessoas autorizadas têm acesso a certas informações. Isso demonstra claramente que a concessão de acesso não é apenas uma questão técnica, mas também uma preocupação organizacional.

10. Criptografia

10.1. Controles criptográficos

Cada pessoa envolvida com TI e segurança de TI deve ter um entendimento básico dos conceitos "criptografia", "assinatura digital" e "certificados", embora não necessariamente o conhecimento técnico sobre como eles funcionam.

O termo criptografia vem do grego e é uma combinação das palavras "kryptós", que significa "escondido", e "gráphein", que significa "escrita". Exemplos de criptografia são tão velhos como a proverbial estrada para Roma. De fato, criptografia foi usada pelos romanos para transmitir mensagens militares. Mesmo que a mensagem caísse nas mãos inimigas, eles não seriam capazes de obter qualquer informação a partir dela, uma vez que a mensagem pareceria sem sentido. A pesquisa de algoritmos criptográficos também é referida como criptoanálise e é usada não só para desenvolver algoritmos, mas também para quebrar algoritmos inimigos.

A principal razão para usar criptografia é frequentemente vista como um meio de manter a informação confidencial. É importante notar que existem diferentes sistemas de criptografia. Dependendo da capacidade do sistema criptográfico, ele também pode ser usado para outros propósitos. Outros exemplos de onde a criptografia é usada inclui integridade de dados, autenticidade de dados, mecanismos de autenticação e não repúdio à informação.

O objetivo do não repúdio é obter uma prova da ocorrência ou não de um evento ou ação (definição da ISO). É importante notar que, embora a tecnologia seja essencial para tornar isso possível, a força de uma aplicação criptográfica reside também nos aspectos organizacionais, tais como a gestão de chaves.

10.1.1. Políticas de criptografia

Assim como já explicado, criptografia é uma medida que uma organização pode empregar se, por exemplo, dados confidencias estiverem envolvidos. O uso da criptografia deve ser cuidadosamente considerado e definido em um documento de políticas. Esse documento de políticas é a base para determinar como aplicar a criptografia dentro dos sistemas de informação da organização. O documento deve conter ao menos as seguintes informações:

- Para que a organização usa criptografia. Um aspecto particular a considerar antes de usar a criptografia são as limitações legais na troca de informações cifradas com organizações ou departamentos em outros países. Isso é importante, visto que em alguns casos não é permitido usar certos tipos de criptografia ou transportar softwares criptográficos através das fronteiras de países.
- Que tipos de criptografia a organização usa, e em quais aplicações. Isso é importante para limitar qualquer problema proveniente de aplicações ou algoritmos criptográficos incompatíveis. Ao ter uma política corporativa e ao controlar a sua implementação, esses problemas de compatibilidade podem ser reduzidos ao mínimo.
- Controle e gerência de chaves. A base de todo sistema criptográfico são as chaves.
- Normalmente os algoritmos de um sistema criptográfico são públicos: a força do sistema está baseada na força das chaves e na habilidade de a organização evitar que essas chaves caiam em mãos erradas. É, portanto, primordial para uma organização possuir políticas claras e rigorosas sobre como gerenciar essas chaves.
- *Backup*. Ao fazer *backup* de dados cifrados, é importante determinar como os dados originais podem ser acessados quando requerido. Isso é especialmente importante quando a chave é perdida ou comprometida, o que significa que usuários não autorizados obtiveram acesso à chave.
- Controle. Isso descreve a forma como a aplicação de um material criptográfico é tratada pela organização e quais medidas estão em vigor para limitar o uso indevido. Tal uso indevido pode incluir funcionários deliberadamente criptografando dados, sem autorização, deixando a empresa sem acesso às informações.

10.1.2. Gerenciamento de chaves

O gerenciamento de chaves é uma parte importante de qualquer sistema criptográfico. Chaves criptográficas devem ser protegidas contra alterações, perda ou destruição, uma vez que qualquer uma dessas ações pode resultar na impossibilidade de acessar os dados. Não que os dados sejam realmente perdidos, mas sem a chave apropriada o dado não está disponível em uma forma legível. Um bom gerenciamento de chaves é essencial para manter a confidencialidade dos dados. Como a perda da chave criptográfica é comparável à perda do dado, o gerenciamento de chaves também é importante para a disponibilidade do dado. Adicionalmente, dependendo do uso da criptografia em uma organização, a divulgação não autorizada da chave pode ter implicações severas na integridade do dado.

Além disso, quando a criptografia é usada para a confidencialidade dos dados, chaves secretas e pessoais devem ser protegidas contra divulgações não autorizadas, uma vez que isso é potencialmente uma brecha na confidencialidade da informação. Como as chaves são a base para qualquer sistema criptográfico, o equipamento que é utilizado para gerar, armazenar e arquivar chaves deve ser protegido fisicamente. Uma parte do gerenciamento de chaves é o registro dos pares de chaves e de quem os usa. Ao utilizar um sistema de criptografia assimétrica, pares de chaves são usados para determinar a autenticidade e o não repúdio da mensagem, então o registro deve abranger quais pares foram emitidos para quem e quando. Outros tópicos que devem ser tratados no gerenciamento de chaves incluem por quanto tempo as chaves ficarão válidas e o que deve ser feito se as chaves forem comprometidas.

Ao usar criptografia para proteger a informação armazenada no equipamento, é um alto risco usar as mesmas chaves para todos os equipamentos, ou uma grande parte deles, dentro de uma organização. Se alguma dessas chaves se tornar conhecida fora da organização, então o equipamento (tal como discos rígidos cifrados em *laptops*) terá que receber novas chaves, uma vez que, potencialmente, todos os dados armazenados nesse dispositivo ficaram comprometidos pelo vazamento da chave. Isso pode ser uma operação muito cara, que deve ser realizada bem rapidamente a fim de prevenir uma brecha na confidencialidade da informação.

É fácil ver que a força de um sistema criptográfico está diretamente relacionada à qualidade do gerenciamento de chaves. Isso pode ser ilustrado pelo seguinte exemplo. Imagine um algoritmo tecnicamente perfeito que não pode ser quebrado, tal como um cadeado à prova de roubo. É muito fácil para um ladrão abrir esse cadeado se ele tiver acesso à chave. Proteger a chave de roubo, duplicação ou destruição é essencial para que o cadeado opere de acordo com o requisito de manter pessoas não autorizadas do lado de fora e permitir que pessoas autorizadas abram a porta.

10.2. Tipos de sistemas criptográficos

Para que sejam capazes de fazer uso de um sistema criptográfico, tanto o remetente quanto o destinatário devem utilizar o mesmo sistema criptográfico. Uma característica de um bom sistema criptográfico é que o algoritmo propriamente dito é público. Em termos gerais, há três formas de algoritmos criptográficos: criptografia simétrica, assimétrica e unidirecional.

O holandês Auguste Kerckhoffs (1835-1903) foi um especialista em criptografia. Ele postulou que "a segurança de um sistema criptográfico não pode ser dependente da confidencialidade do algoritmo de criptografia, mas deve ser baseado no segredo da chave". Isso significa que o algoritmo tem que ser capaz de suportar o teste da crítica e deve ser aberto. Quanto mais pessoas olharem para o algoritmo e o verificarem antes de empregá-lo em aplicações, mais difícil será penetrar ou comprometer as aplicações mais tarde baseadas nele. As chaves são o componente secreto da criptografia.

10.2.1. Sistema simétrico

Todos provavelmente conhecem alguma forma de criptografia simétrica. Uma característica de tal sistema é que há um algoritmo e uma chave secreta que o remetente e o destinatário compartilham.

Exemplo

Uma forma muito conhecida de criptografia simétrica é o deslocamento do alfabeto. A chave é o número de caracteres a deslocar no alfabeto. Veja a tabela 10.1 para uma parte do alfabeto e as suas letras correspondentes.

Tabela 10.1. Letras com as suas correspondências

A	1	F	6	K	11	P	16	U	21	Z	26
B	2	G	7	L	12	Q	17	V	22		
C	3	H	8	M	13	R	18	W	23		
D	4	I	9	N	14	S	19	X	24		
E	5	J	10	O	15	T	20	Y	25		

Neste exemplo usaremos a mesma chave, com valor de 5, para cifrar e decifrar uma palavra.

Isso significa que a letra A (valor 1) é substituída pela letra F (valor 6). A letra O (valor 15) será substituída pela letra T (valor 20). A palavra "FLOWER" seria cifrada como a palavra "KQTBJW". Usando a mesma chave, porém subtraindo-a do texto criptografado (ou cifrado), o texto original (ou em claro) FLOWER deve aparecer. Na criptografia, o texto que será criptografado é chamado de texto em claro (plain-text). A versão criptografada desse texto simples é chamada de texto cifrado (cipher-text). O texto cifrado pode ser seguramente transmitido desde que a chave seja secreta e o algoritmo seja forte o suficiente. Os passos deste exemplo também são mostrados na figura 10.1.

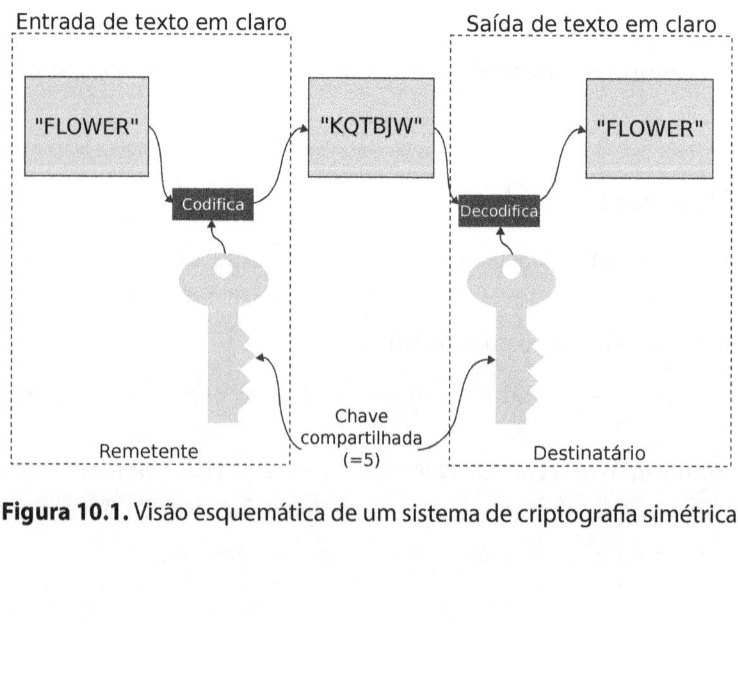

Figura 10.1. Visão esquemática de um sistema de criptografia simétrica.

Em um sistema de criptografia simétrica é primordial que a chave seja protegida. A mesma chave é usada tanto pelo destinatário quanto pelo remetente. Portanto, a chave secreta deve ser trocada antes da comunicação do transmissor para o receptor. O sistema fica vulnerável se a chave não for bem protegida pelo transmissor e pelo receptor, ou se a chave for interceptada por um atacante quando for enviada entre as partes que se comunicam. O risco de a chave ser comprometida fica maior com o aumento do número de partes envolvidas na troca de mensagens com a mesma chave.

10.2.2. Sistema assimétrico

Um sistema assimétrico soluciona a vulnerabilidade envolvida no compartilhamento de chaves secretas. A característica de um sistema assimétrico é que chaves diferentes são usadas para cifrar e decifrar. Os conceitos básicos de um sistema prático e funcional foram concebidos em torno de 1970 por Ron Rivest, Adi Shamir e Len Adleman, e trabalham com base em números primos e aritmética modular. Um exemplo de aritmética modular é o cálculo de tempo com um relógio. Imagine um relógio de 12 horas que indique 9 horas. Adicionar 8 horas resulta no tempo de 5 horas.

O aspecto mais impactante desse algoritmo é não ser mais necessário que o transmissor e o receptor tenham a mesma chave. A chave funciona com os chamados pares de chaves. Utilizando esse método, a chave pública é responsável pela criptografia e apenas a chave privada desse par consegue decifrar a mensagem. O que torna esse sistema tão especial é que a chave pública pode ser conhecida pelo mundo inteiro, contanto que a chave privada seja mantida secreta. Sendo assim, esse sistema também é conhecido como criptografia de chave pública. Neste livro não entraremos nos detalhes técnicos de como exatamente esse algoritmo funciona. É suficiente saber que a base do sistema é que ele usa pares de chaves, uma chave privada e uma chave pública.

O sistema assimétrico pode ser utilizado de duas formas. A primeira forma é assinar uma mensagem com uma chave privada. Utilizando a chave pública, o receptor pode verificar se a mensagem foi originada pelo proprietário da chave privada correspondente. A segunda forma é criptografar mensagens destinadas a uma pessoa que tenha sua própria chave pública. Apenas o detentor da chave privada associada a essa chave pública será capaz de decifrar a mensagem. Observe aqui que o uso da chave privada é restrito a quem a detém, enquanto todos podem fazer uso da chave pública. Dessa forma, algoritmos assimétricos podem ser empregados para garantir tanto a integridade quanto a confidencialidade das mensagens. É evidente a partir desse exemplo que se pode usar o mesmo par para ambos os casos. Tenha em mente que a chave privada só é conhecida pelo proprietário da chave; e, como essa chave não precisa ser compartilhada com mais ninguém para se comunicar, ela não é vulnerável a ataques relacionados à troca de chaves, tal como requerido em um sistema simétrico.

Na Figura 10.2, são apresentados os passos de um sistema de criptografia assimétrica. O remetente utiliza a chave pública do destinatário para criptografar uma mensagem. Uma vez que o sistema não se baseia em manter a chave pública secreta, a chave pública pode ser enviada pelo destinatário para o remetente utilizando o mesmo canal de comunicação que a mensagem cifrada. Isso torna a troca de chaves mais segura e muito mais fácil do que no sistema simétrico. O destinatário decifra a mensagem de volta para texto simples.

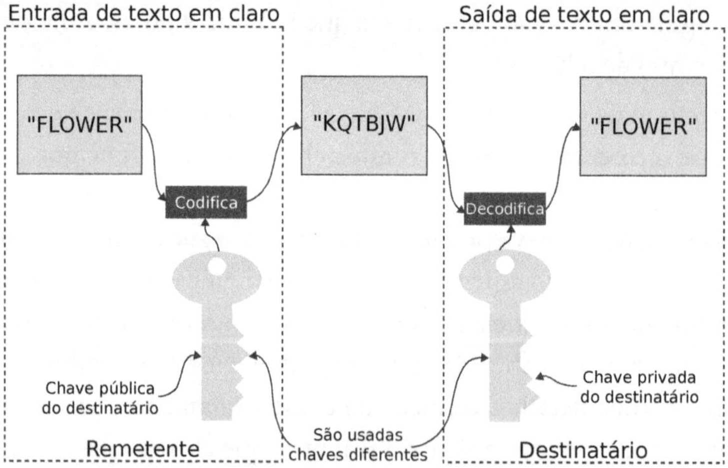

Figura 10.2. Exemplo de um sistema assimétrico.

Assinaturas digitais são criadas utilizando criptografia assimétrica. Uma assinatura digital é um método para confirmar se a informação digital foi produzida ou enviada por quem reivindica ser a origem – uma função comparável a assinar documentos em papel com uma assinatura por escrito. Uma assinatura digital geralmente consiste de dois algoritmos: um para confirmar que a informação não foi alterada por terceiros e, portanto, assegurar a integridade da mensagem. O outro algoritmo é para confirmar a identidade da pessoa que "assinou" a informação, portanto, assegurando o não repúdio.

Na Europa, graças à Diretiva 99/93/EG da União Europeia, publicada em 1999, uma assinatura digital é agora considerada igual a uma assinatura "em papel". Na maioria dos casos, é também possível verificar essa assinatura digital utilizando um certificado, o que deve ser feito de forma segura, tal como, por exemplo, um *smartcard*.

10.2.3. Infraestrutura de chave pública (*Public Key Infrastructure* – PKI)

Embora a criptografia assimétrica também seja referida como criptografia de chave pública, não é a mesma coisa que infraestrutura de chave pública (*Public Key Infrastructure* - PKI). PKI é baseada em criptografia de chave pública e inclui muito mais do que somente a criptografia. Uma característica de uma PKI é que, através de acordos, procedimentos e uma estrutura organizacional, ela provê garantias referentes a quais pessoas ou sistemas pertencem a uma chave pública específica. Uma infraestrutura de chave pública é frequentemente gerenciada por uma autoridade independente e confiável.

A força de uma PKI depende, em grande medida, de aspectos não técnicos. A forma como o usuário obtém sua chave privada, por exemplo, é uma pedra angular na confiança que outras pessoas têm na solução de PKI, mesmo se tecnicamente elas usarem os mesmos algoritmos e tamanhos de chave. Uma PKI em que os usuários podem obter uma chave privada solicitando-a por e-mail, usando, por exemplo, o Gmail, é inerentemente menos confiável para identificar uma pessoa com base em sua chave pública do que um sistema onde os usuários têm de se reportar a uma mesa e se identificar, por meio de um passaporte, antes de receber uma chave privada.

Não repúdio é a garantia de que alguém não pode negar algo. Tipicamente, o não repúdio se refere à habilidade em assegurar que uma parte de um contrato, ou de uma comunicação, não pode negar a autenticidade de sua assinatura em um documento ou o envio de uma mensagem que originou.

Repudiar significa negar. Por muitos anos, as autoridades têm procurado tornar o repúdio impossível em algumas situações. Você pode enviar uma correspondência registrada, por exemplo, de forma que o destinatário não possa negar que a carta foi entregue. De forma similar, um documento legal tipicamente requer testemunhas de sua assinatura, para que a pessoa que assina não possa negar tê-lo feito.

Na internet, uma assinatura digital é utilizada não só para assegurar que um documento (ou mensagem) tenha sido assinado eletronicamente pela pessoa que supostamente assinou o documento, mas também para garantir que uma pessoa não possa negar mais tarde que forneceu a assinatura, visto que uma assinatura digital só pode ser criada por uma pessoa. Uma PKI é uma solução para alcançar o não repúdio. A ISO define o não repúdio como a habilidade de provar a ocorrência de um evento ou uma ação reivindicada e suas entidades originárias, a fim de solucionar disputas sobre a ocorrência ou não do evento ou ação e o envolvimento de entidades no evento.

Caso Springbooks

A livraria Springbooks encomenda on-line grandes volumes de livros de uma editora. Devido ao alto valor monetário dessas encomendas, a livraria e a editora fizeram um acordo para garantir encomendas seguras. Tanto a livraria como a editora obtiveram credenciais de uma Autoridade de Registro (Registration Authority – RA). Em uma PKI, essa RA tem a função de verificar as credenciais em relação às políticas estabelecidas. Uma vez atendidas essas políticas, uma requisição é feita à Autoridade Certificadora (Certificate Authority – CA) a fim de produzir um certificado que atesta que a chave pública pertence à pessoa cujas credenciais são verificadas pela RA. Agora, quando a livraria faz uma encomenda com a editora utilizando uma mensagem assinada, a editora pode verificar com a CA se o certificado ainda é válido e se a chave usada para assinar a mensagem pertence à livraria.

A Figura 10.3 proporciona uma visão geral dos componentes em uma PKI. Um usuário reporta a uma Autoridade de Registro (RA) e, com base em credenciais (por exemplo, um passaporte), uma requisição é enviada pela RA para a Autoridade Certificadora (CA) para emitir um certificado. O par de chaves que será utilizado pelo usuário pode ser gerado de diferentes formas. Isso é parte da política utilizada pela PKI. Em algumas PKIs, o usuário pode gerar as chaves, enquanto em outras uma instalação segura é utilizada para gerá-las. A CA emite um certificado, assinado por ela própria, atestando que as chaves públicas pertencem ao usuário para quem o certificado é emitido.

Em uma ação subsequente, quando o usuário assina, por exemplo, um contrato com uma assinatura digital, a parte que recebe pode verificar se a assinatura digital realmente pertence ao usuário, validando-a por meio de uma Autoridade de Validação (*Validation Authority*) que tem acesso à Autoridade Certificadora.

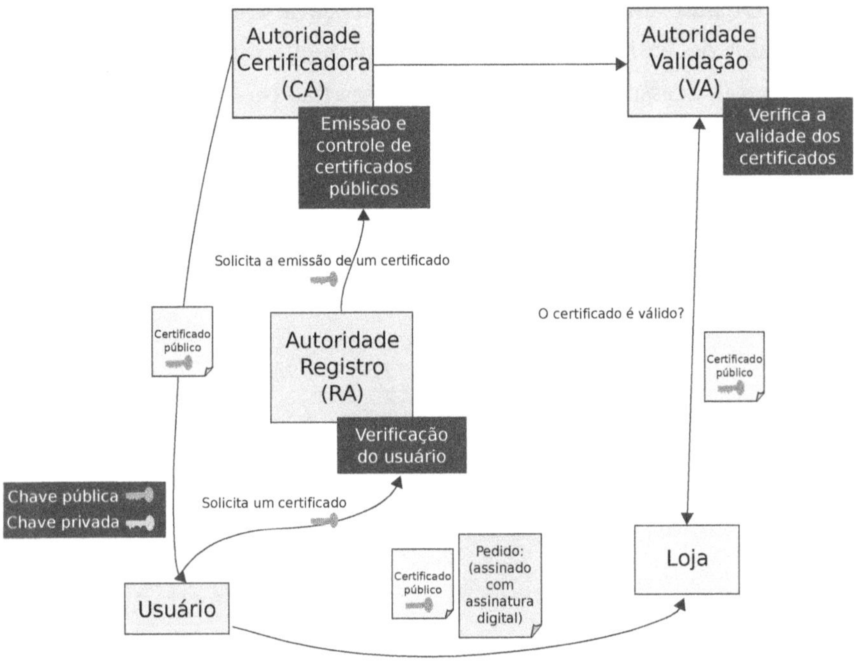

Figura 10.3. Componentes em uma infraestrutura de chave pública (PKI).

10.2.4. Criptografia unidirecional

Essa forma de criptografia também é chamada de função *hash*. Uma função *hash* é um cálculo irreversível. A operação de funções *hash* pode ser comparada a misturar tintas. Assim que duas cores de tinta se misturam uma com a outra, é impossível separá-las. Ao misturar tinta azul com amarela, o resultado é uma tinta verde. Não é possível obter as cores originais a partir da mistura. Entretanto, é possível misturar as duas tintas novamente utilizando a mesma receita e ter a mesma cor verde como resultado.

Por causa dessa característica, esse tipo de algoritmo é utilizado principalmente para determinar se um dado foi alterado. A mensagem é convertida em um valor numérico chamado de valor de *hash*. Utilizando um algoritmo conhecido, o destinatário pode verificar se a mensagem tem o valor de *hash* correto; se os dois valores de *hash* coincidem, a mensagem deve estar inalterada. *Hashes* também podem ser usados para confirmar se duas mensagens (senhas, por exemplo) são as mesmas. Quando uma senha é definida, o sistema cria um *hash* e então armazena esse valor de *hash* e não a senha propriamente dita. Dessa forma, mesmo uma pessoa com acesso de alto nível ao sistema não pode ver o que outra pessoa usou como senha. Mais tarde, quando a pessoa apresentar a senha para autenticação, o sistema criará novamente um *hash* da senha e o compara com o *hash* armazenado no sistema. Se os *hashes* coincidirem, a pessoa inseriu a senha correta. É importante compreender que esse método é utilizado para verificar a integridade das mensagens. Ele não provê confidencialidade.

11. Segurança Física e do Ambiente

Os capítulos anteriores examinaram a organização da segurança da informação e discutiram a análise de riscos. Uma análise de riscos determina o nível de medidas requeridas e onde estas devem ser aplicadas. Em um processo à parte, isso resulta em um conjunto de medidas de segurança que se adequam ao perfil de risco determinado para a organização.

Algumas das medidas tomadas como consequência disso estão relacionadas à segurança física da organização. Tudo depende do tipo da organização. Para uma organização com função pública, o acesso às edificações e ao local será bastante irrestrito. Um exemplo disso é uma biblioteca pública. Por outro lado, pode haver organizações que fabricam produtos apenas sob condições de segurança muito rigorosas. Um exemplo é uma organização da indústria farmacêutica que está sujeita a requisitos muito rigorosos no que tange à higiene e à confidencialidade relativa às fórmulas utilizadas. Este capítulo examinará mais de perto as medidas físicas. Medidas físicas são frequentemente implementadas em conjunto com medidas técnicas e organizacionais.

11.1. Áreas seguras

Segurança física é parte da segurança da informação, pois todos os ativos do negócio também devem ser fisicamente protegidos. Segurança física é mais antiga do que a segurança da informação; apenas pense na proteção que um castelo proporciona aos que estão dentro dele. Proteger a informação se tornou importante muito mais tarde.

Tradicionalmente, a segurança física é provida por gerentes de serviços gerais e técnicos que utilizam seus próprios métodos e técnicas para estabelecer a segurança física. Em muitas organizações, a coordenação entre os encarregados da segurança física e da segurança da informação é de grande importância. Nós também examinaremos as várias áreas de responsabilidade que os encarregados da segurança da informação têm que levar em conta. O mundo da segurança física emprega uma combinação de medidas organizacionais, estruturais e eletrônicas. Medidas físicas precisam ser planejadas e coordenadas de forma coerente. Por exemplo, câmeras de segurança somente serão realmente efetivas se medidas estruturais forem tomadas e se houver uma cuidadosa reflexão quanto ao seu propósito e localização. Além disso, a organização deve acompanhar qualquer coisa detectada ou vista; caso contrário, instalar uma câmera é totalmente inútil.

O efeito de dissuasão (preventivo) de câmeras externas pode ser significativo, especialmente em locais no centro de cidades. O que muitas vezes se esquece é que as medidas físicas também se aplicam a locais temporários (de emergência).

A fim de detectar qualquer invasão, a segurança física usa vários tipos de sensores. Os mais comuns são:

- **Detecção passiva por infravermelho:** são normalmente usados internamente e detectam mudanças de temperatura a uma dada distância do sensor.
- **Câmeras:** gravam imagens que podem ser posteriormente visualizadas. Alguns softwares inteligentes permitem que verificações automáticas sejam realizadas.
- **Detecção de vibração:** para detectar vibrações.
- **Sensores de quebra de vidro:** detectam quando uma janela foi quebrada.
- **Contatos magnéticos:** detectam quando uma porta ou janela é aberta.

Além da capacidade de detectar quaisquer intrusões, o acompanhamento da detecção é fundamental para reduzir qualquer dano ao mínimo. Portanto, os sensores devem ser conectados a um sistema de detecção de intrusos e devem ser bem monitorados. Existem alguns sistemas que podem até mesmo entrar em contato automaticamente com um centro de emergência de um terceiro, como uma empresa de segurança responsável pelo monitoramento. Em qualquer caso, sempre que um alarme for desligado, a causa deve ser investigada. Deve ser mantido um registro diário de todos os alarmes.

11.1.1. Anéis de proteção

Todos os ativos de negócio representam certo valor e, dependendo desse valor, bem como as ameaças e riscos a esses ativos, medidas específicas devem ser tomadas. Medidas de segurança física são tomadas para proteger a informação de incêndio, furto, vandalismo, sabotagem, acesso não autorizado, acidentes e desastres naturais.

Onde começa a segurança física?

A segurança física não começa na estação ou no local de trabalho, mas fora das instalações do negócio. Deve-se impossibilitar que qualquer pessoa acesse facilmente os ativos que devem ser protegidos. Isso pode ser ilustrado de forma simples e clara ao pensarmos em termos de uma série de anéis (veja a Figura 11.1):

- O anel externo: área em torno das instalações.
- O prédio: o acesso às instalações.
- O local de trabalho: as salas dentro das instalações, também conhecido como "anel interno".
- O objeto: o ativo que deve ser protegido.

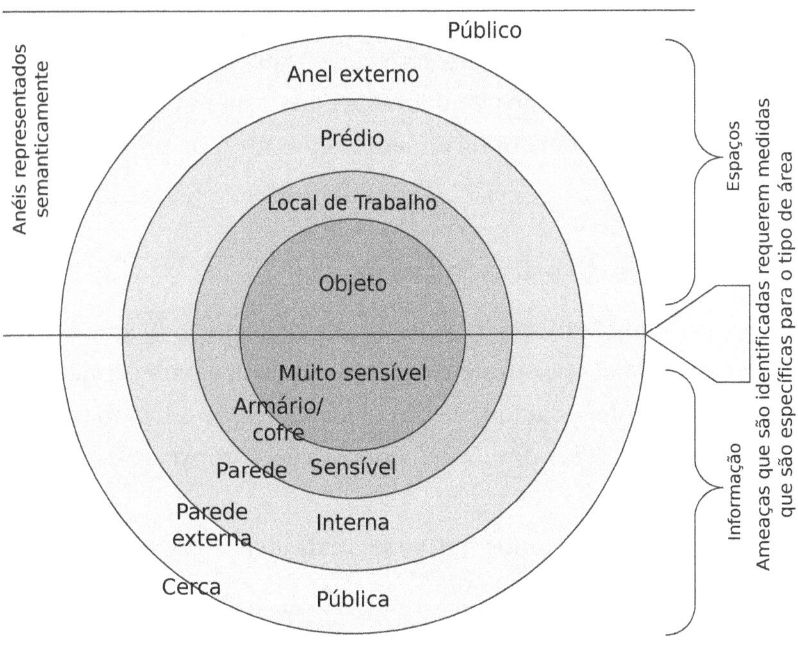

Figura 11.1. Anéis de proteção.

O anel externo

O anel externo que circunda as instalações comerciais pode ser protegido por barreiras naturais e arquitetônicas. Barreiras naturais podem ser, por exemplo, uma vegetação densa ou um rio. Exemplos de barreiras arquitetônicas incluem cercas, arame farpado e muros. Todas as barreiras arquitetônicas estão sujeitas a regras estritas.

O anel externo também deve permitir o acesso de pessoas autorizadas, de modo que as barreiras devem sempre empregar uma verificação pessoal e/ou eletrônica. Atualmente existem muitos tipos de sensores eletrônicos disponíveis, mas nós não discutiremos isso aqui.

O prédio

Existem situações em que não há um anel externo. Nesses casos, medidas arquitetônicas como janelas, portas e outros tipos de abertura são importantes. É, naturalmente, melhor que as medidas de segurança sejam integradas enquanto as instalações estão sendo construídas, já que modificar uma edificação existente pode ser muito caro. Medidas arquitetônicas também estão sujeitas a regulamentações estritas. Existem várias maneiras de tornar seguras as aberturas nas instalações; por exemplo, o uso de vidro resistente à quebra, bem como portas com estrutura correta e mecanismos de dobradiça que evitem o arrombamento fácil. As medidas devem estar em conformidade com o nível de proteção exigido pela organização.

11.1.2. Controles de entrada física

A área entre o anel externo e as instalações do negócio (o anel interno) pode ser usada para vigilância por um guarda de segurança e para serviços auxiliares, tais como, por exemplo, estacionamento, onde a área de estacionamento é separada do edifício. Tais áreas devem ter iluminação apropriada e, possivelmente, vigilância por câmeras.

Ao proteger o prédio, também deve ser dada atenção ao telhado e às paredes. Câmeras de vigilância podem ajudar nisso.

Há diversas opções disponíveis para gerenciar o acesso às instalações do negócio:

- Guardas de segurança.
- Gerenciamento do acesso eletrônico.

Guardas de segurança

O uso de guardas é a medida de segurança física mais cara. Essa medida pode ser suplementada por medidas mais baratais, tais como sensores e câmeras que podem ser monitoradas remotamente.

Nesse caso, deve haver sempre um procedimento de acompanhamento se um alarme disparar.

É melhor que o pessoal da segurança também verifique pessoalmente o acesso daqueles que entram no edifício. Dessa forma, é mais difícil usar credenciais falsas.

Gerenciamento do acesso eletrônico

Além das fechaduras tradicionais, das quais existem diversos tipos, nos últimos anos tem sido crescente o uso de meios eletrônicos para controlar o acesso a edifícios. Isso inclui sistemas de cartão e fechaduras de código. Muitas organizações usam sistemas com acesso sem fio por RFID. Esses são, atualmente, os sistemas mais usados, mas são também assunto de muita discussão, uma vez que suas informações são colhidas, copiadas e imitadas.

No noticiário:

Em mais da metade das maternidades do estado americano de Ohio, tanto a mãe quanto a criança recebem uma etiqueta RFID na forma de uma pulseira ou tornozeleira. Dessa forma, as maternidades esperam garantir que os bebês não desapareçam, sejam raptados ou dados aos pais errados. Aos bebês são dadas tornozeleiras, enquanto são dadas pulseiras às mães. O sistema HUGS soa um alarme se a tornozeleira quebrar ou se a etiqueta RFID da mãe não coincidir com a da criança.

A organização de proteção à privacidade chamada Consumers Against Supermarket Privacy Invasion and Numbering (Caspian) fez campanha contra isso. Eles acreditam que o HUGS tornará os hospitais menos vigilantes, uma vez que os trabalhadores do hospital passarão a confiar muito na tecnologia.

Para além do RFID, existem outros tipos de controle de acesso que não podem ser penetrados. Ao usar controles de acesso, algumas medidas organizacionais complementares são recomendadas. Por exemplo, colocar uma foto na credencial torna a cópia um pouco mais difícil. Tanto o sistema de segurança como o pessoal será capaz, então, de verificar se a credencial pertence ao portador.

Uma credencial só deve ter um proprietário/usuário, caso contrário não será possível determinar quem acessou o edifício/sala. Não coloque o nome da empresa ou logotipo na credencial, use um estilo neutro. Se alguém encontrar a credencial, seu propósito não deve estar óbvio. Os funcionários devem ser obrigados a usar a credencial de forma visível. Isso também deve se aplicar aos visitantes, para que a segurança e os funcionários possam detectar e abordar qualquer pessoa que não esteja usando uma credencial. Todas essas credenciais também devem exibir uma data de validade legível para os humanos. Certifique-se de que é estabelecido um sistema em que as pessoas que não têm uma credencial são escoltadas pela equipe de segurança.

Para salas especiais, medidas de autenticação vigorosas também podem ser usadas. Além das credenciais de acesso, medidas de segurança adicionais são tomadas, tais como:

- Algo que você saiba, por exemplo, um código PIN.
- Algo que você possui, por exemplo, um cartão.
- Algo que seja parte de você (biometria), tal como uma impressão digital ou uma varredura de íris.

Falando de forma geral, no entanto, equipamentos biométricos ainda não são comumente usados. A biometria se refere a tecnologias que medem e analisam características do corpo humano, tais como impressões digitais, retinas e íris dos olhos, padrões de voz, padrões faciais e medidas das mãos, para propósitos de autenticação. Características biométricas podem ser divididas em duas classes principais: fisiológicas, que são relacionadas à forma do corpo; e comportamentais, que são relacionadas ao comportamento da pessoa.

11.1.3. Protegendo escritórios, salas e instalações

Uma forma de proteger ativos corporativos importantes é manter pessoas não autorizadas fora do local onde esses ativos se encontram. Além dos controles de acesso descritos antes, é bom tornar mais difícil para invasores encontrarem esses locais. É importante compreender que apenas "esconder" esses locais não é suficiente; isso deve sempre ser aplicado em conjunto com outras medidas. Medidas que podem ser tomadas são, por exemplo, não informar o propósito desses locais ou, se necessário, reduzir qualquer informação essencial ao mínimo.

Quando locais são usados para processar informação confidencial, é importante garantir que não seja possível espionar de fora. Dependendo do tipo de informação e de como ela é processada, há diferentes formas de alcançar isso. Se, por exemplo, for uma sala de reuniões, é importante assegurar que nenhuma das conversas realizadas na referida sala sejam audíveis por qualquer um fora dela. Outra medida é garantir que ninguém possa olhar para dentro da sala, se, por exemplo, alguma apresentação importante for feita ou informações confidenciais estiverem escritas em quadros brancos. Se a informação for processada eletronicamente, pode ser necessário proteger a sala de qualquer radiação eletromagnética.

11.1.4. Protegendo contra ameaças externas e ambientais

Deve haver medidas de proteção física no local para proteger contra quaisquer ameaças externas, tais como incêndio, inundação, explosões, etc. É prudente obter aconselhamento especializado sobre o assunto.

11.1.5. Trabalhando em áreas seguras

Cada espaço de trabalho pode ter a sua própria função específica e, portanto, estar sujeito às suas próprias medidas de segurança. Por exemplo, em um prédio público, como uma prefeitura, podemos entrar nas áreas públicas do edifício, mas os escritórios não são acessíveis para todos.

11.1.6. Áreas de carregamento e entrega

É recomendado que uma organização crie salas e áreas especiais para que os fornecedores peguem e entreguem mercadorias, de forma que eles não tenham acesso aos mesmos ativos e informações de negócios que os empregados da empresa. A restrição de acesso é uma medida preventiva.

11.2. Equipamento

Segurança física inclui a proteção dos equipamentos através do controle de clima (ar-condicionado, umidade do ar), do uso de extintores de incêndio especiais e da provisão de energia "limpa". Energia limpa refere-se à prevenção de picos e quedas (energia suja) na fonte de alimentação e ao fato de que a fonte de alimentação é filtrada.

11.2.1. Localização e proteção do equipamento

Em salas localizadas no térreo e outras salas especiais, vários tipos de detecção de intrusão podem ser inseridos. Isso depende do tipo de sala (tamanho, tipo de parede, altura, conteúdo). O método mais comum utilizado é a detecção passiva por infravermelho. O movimento aparente é detectado quando uma fonte de infravermelho (radiação eletromagnética) com uma temperatura, tal como um humano, passa em frente de uma fonte de infravermelho que possui outra temperatura, tal como uma parede. Claro que, se um sistema de detecção de intrusão disparar um alarme, é necessária uma resposta imediata.

Salas separadas podem ser usadas para armazenar materiais sensíveis. Estes podem ser informação, mas também remédios ou itens explosivos. Essas salas requerem medidas adicionais para garantir a sua segurança. O acesso a salas especiais deve ser monitorado, preferencialmente incluindo tais salas como parte do sistema geral de controle de acesso às instalações.

Mídias como fitas de *backup* não devem ser armazenadas em salas de rede. É melhor armazená-las em outro lugar, de forma que as fitas não sejam avariadas no caso de um desastre na sala de servidores. Não há nada pior do que descobrir que, após um incêndio, nenhuma informação pode ser recuperada porque as fitas de *backup* também foram destruídas.

Há uma série de outras salas importantes e requisitos relacionados:

- Depósito de materiais sensíveis.
- Sala de servidores.
- Resfriamento.
- Energia de emergência.
- Umidade.
- Incêndio.

Armários resistentes a fogo e armários de segurança

Um armário é a forma mais simples de armazenar coisas. Deve ser possível trancar o armário, e a chave não deve ser mantida próxima. Entretanto, um armário não é particularmente resistente ao fogo e pode ser arrombado de forma relativamente fácil.

Um armário resistente ao fogo protege o conteúdo contra incêndio. Esses armários estão disponíveis em diversas classes, que indicam o grau ao qual são resistentes ao fogo. Armários resistentes ao fogo não são cofres, mas também podem ter propriedades antiarrombamento. Eles são um bom meio para armazenar, por exemplo, fitas de *backup*, documentos em papel e dinheiro. Mas, por favor, note que as fitas de *backup* de um sistema não devem ser armazenadas nas mesmas instalações que o sistema de informação. Se as instalações forem completamente destruídas, é vital que as fitas ainda estejam intactas. Armários resistentes ao fogo ou cofres podem ser cimentados e, de fato, podem às vezes ser salas inteiras. Armários resistentes ao fogo ou cofres podem ter uma variedade de fechaduras e proteções contra invasões.

Sala de servidores

As salas de servidores e salas de rede merecem uma menção à parte, já que devem ser abordadas separadamente quando consideramos a segurança física. As salas de servidores e salas de rede contêm equipamentos sensíveis que são vulneráveis à umidade e ao calor, e produzem seu próprio aquecimento. Além disso, um sistema de informação pode parar de funcionar devido a uma falha de energia. Uma das maiores ameaças a uma sala de servidores é o fogo. Além dos requisitos arquitetônicos, as salas de servidores e de rede também possuem requisitos especiais de controle de acesso.

Umidade

Toda sala dedicada a equipamentos (utilizada para alojar impressoras, redes, etc.) deve ser controlada e monitorada. Essas salas não devem conter nenhuma umidade. Por essa razão, o ar nessas salas é desumidificado. Devemos também garantir que nenhum cano de água e equipamento de aquecimento central tenha sido instalado nessas salas. No começo, os computadores centrais eram refrigerados a água – e, embora até hoje ainda seja possível refrigerar equipamentos com água, essas soluções devem ser inspecionadas com muito cuidado.

Os sistemas de resfriamento necessitam de manutenção regular e geralmente usam água desmineralizada, da qual um suprimento reserva, suficiente para reabastecer o sistema, deve sempre ser mantido no local.

Proteção contra incêndio

Proteção contra incêndios é uma área especial dentro da segurança física. Existem requisitos obrigatórios de proteção contra incêndios que devem ser cumpridos. O fogo é uma ameaça que sempre pode ocorrer. Por conseguinte, a todo momento devem ser tomadas medidas de proteção. Incêndios podem começar de várias maneiras, tais como curtos-circuitos, aquecedores defeituosos, ação humana, equipamentos defeituosos, etc. Incêndios requerem os seguintes componentes: material inflamável, oxigênio e temperatura de ignição. Este é o "triângulo do fogo". Um fogo pode ser combatido usando um agente extintor, cujo propósito é quebrar esse triângulo do fogo eliminando o acesso do fogo ao oxigênio ou ao combustível, ou os reduzindo.[10]

Algumas salas são mantidas a um nível de oxigênio extremamente baixo como forma de proteção contra incêndio. Essas áreas devem ser claramente marcadas e, antes de dar acesso a tais salas, devem ser dadas instruções claras de como trabalhar nelas, juntamente com explicações de quais são os perigos quando se trabalha em condições de oxigênio extremamente baixas.

O fogo pode ter uma variedade de efeitos nocivos. O mais óbvio é o dano direto causado pela queima do material, mas mesmo o material não exposto diretamente às chamas pode ser danificado. Por exemplo, o dano devido ao calor excessivo ou à fumaça. Em particular, o equipamento eletrônico é muito sensível às pequenas partículas presentes na fumaça, as quais podem levar a curtos-circuitos ou falhas de componentes. Mesmo quando os danos devidos ao fogo, calor ou fumaça são muito limitados, por terem sido detectados numa fase muito inicial, danos podem resultar do material utilizado para apagar o incêndio.

---

[10] Nota do tradutor: um modelo mais completo sobre as reações de combustão consiste no tetraedro do fogo. Segundo este modelo, os métodos de extinção do fogo derivam de quatro ações básicas: retirada do material combustível; abafamento (i.e. eliminação do comburente); resfriamento; e quebra da reação em cadeia.

Uma forma de prevenir um incêndio é limitar o fumo a áreas onde não há materiais inflamáveis. Adicionalmente, limitar materiais inflamáveis (como papel, por exemplo) a uma quantidade mínima é uma forma muito boa de reduzir o risco de incêndio. Conforme descrito anteriormente, uma medida normalmente usada em salas de equipamentos é manter o nível de oxigênio baixo.

Sinalização

Para sinalizar a presença de incêndio, alarmes de fumaça são geralmente usados e normalmente conectados a um sistema separado. É muito importante que os alarmes de fumaça sejam regularmente verificados. As organizações devem conduzir regularmente exercícios de incêndio e evacuação, de forma que todos estejam familiarizados com o som do alarme e com os procedimentos de evacuação.

Agentes extintores de incêndio

Agentes extintores de incêndio são destinados a combater um ou mais dos três componentes do fogo e, ao fazê-lo, apagar o fogo. Existem diferentes tipos de incêndio e, portanto, também diferentes métodos de acabar com esses incêndios. Exemplos de diversos tipos de incêndio incluem: fogo causado por eletricidade, substâncias químicas que queimam ou líquidos inflamáveis. Os vários agentes extintores de incêndio incluem:

- Gases inertes (um gás que suprime o oxigênio), tais como dióxido de carbono e argônio (um tipo de gás nobre).
- Inergen (nome de marca) e Argonite (nome de marca): são conhecidos como sistemas de inundação.
- Espuma (à base d'água, não é adequada para eletricidade).
- Pó (adequado para eletricidade, mas danifica metal).
- Água (não é adequada para eletricidade).
- Areia (adequada para óleo).

Na Figura 11.2, podemos ver instalações de extinção de incêndio em uma sala de servidores. Onde estiverem instalados sistemas de inundação (tais como a figura a seguir), são requeridos sistemas especiais para a segurança humana.

Figura 11.2. Exemplos de equipamentos de extinção de incêndio encontrados em uma sala de servidores.

11.2.2. Utilidades de apoio

Energia de emergência

Equipamentos utilizam energia, geralmente muita energia. Em uma sala de servidores, é recomendável usar várias fontes de energia independentes. Diversas outras medidas são usadas além dessa: baterias ou uma fonte ininterrupta de alimentação (*Uninterruptible Power Supply* – UPS) que, além de ajustar as flutuações da fonte de alimentação, filtra a energia e absorve quaisquer picos. Tipicamente, baterias duram desde questão de minutos até algumas poucas horas. Por isso, é aconselhável ter também um gerador de emergência para fornecer energia durante qualquer interrupção que seja maior do que a duração da bateria. O gerador deve ser testado regularmente e deve estar abastecido com combustível para um período de tempo suficientemente longo. Baterias também precisam ser substituídas a cada quatro anos, aproximadamente. Falhas de energia são um problema não só para computadores, mas também para empresas fabris.

No noticiário: Brasil sofre apagão generalizado

Rio de Janeiro (Brasil), 11 de novembro

Um apagão generalizado mergulhou cerca de 60 milhões de pessoas na escuridão por horas no Rio de Janeiro e em São Paulo, e em diversas outras grandes cidades faltou energia por mais de duas horas. Houve também um grande problema com uma usina hidroelétrica. Sem energia, houve oportunidade para assaltantes roubarem as pessoas. O metrô e outros sistemas de transporte falharam. Quando as empresas não se preocupam com as implicações de uma grande queda de energia, os sistemas críticos param e possíveis danos ocorrem aos dados.

Resfriamento

Em salas de servidores, o ar tem que ser resfriado e o calor produzido pelos equipamentos deve ser transportado para fora. O ar também é desumidificado e filtrado. O que muitas vezes acontece é que equipamentos extras são colocados na sala sem o ajuste da sua capacidade de refrigeração.

Na prática:

Uma instalação de refrigeração foi colocada na sala de servidores de uma organização há muitos anos. Nos anos que se seguiram mais equipamentos foram colocados na sala, mas a capacidade de refrigeração da sala não foi aumentada. Consequentemente, o sistema de refrigeração quebrou, causando o aumento da temperatura. Como resultado, os servidores falharam, deixando o negócio sem seu sistema central de computador por vários dias.

11.2.3. Segurança do cabeamento

Os cabos devem ser colocados de tal forma que não possa ocorrer interferência entre cabos distintos.

Interferência é quando cabos de rede captam ruído e sinal eletromagnético de outros cabos que correm paralelos a eles. Esses efeitos muitas vezes não são visíveis ou audíveis. Um exemplo desse efeito pode ser ouvido quando telefones celulares causam perturbações em alto-falantes ou rádios. Dutos de cabo também devem ser protegidos. Salas de servidores geralmente usam fontes de alimentação separadas. Não é incomum para um servidor ter duas fontes de alimentação, cada uma ligada ao seu próprio grupo de energia.

11.2.4. Manutenção de equipamento

A fim de evitar qualquer avaria desnecessária ao equipamento, sua manutenção e seu manuseio só devem ser realizados por pessoal autorizado, que tenha tido treinamento suficiente, que saiba quais são as diretrizes dos fabricantes e que entenda como executar essas diretrizes. Um exemplo de tais diretrizes é usar sempre medidas de proteção contra eletricidade estática, como uma pulseira antiestática e uma superfície aterrada ao realizar manutenção no interior do equipamento, a fim de evitar que a eletricidade estática danifique componentes frágeis. O pessoal autorizado também deve ser informado de quaisquer requisitos decorrentes de políticas de seguro. Para isso, uma pessoa responsável deve analisar quais políticas de seguro são aplicáveis e quais são seus requisitos específicos.

Uma parte da manutenção é inspecionar e testar o equipamento antes de introduzi-lo no ambiente operacional. A principal razão para isso é evitar interrupções desnecessárias ao introduzir equipamentos defeituosos que poderiam ter sido detectados através da realização de testes. Um plano de teste deve ser estabelecido e avaliado para ativos importantes.

11.2.5. Remoção de ativos

Deve estar claro para os funcionários de uma organização como eles devem lidar com meios de armazenamentos.

Medidas específicas podem ser aplicadas a certos equipamentos; considere, por exemplo, a exclusão de informações confidenciais em meios de armazenamento quando uma pessoa deixa a organização. Meios de armazenamento incluem mais do que apenas as formas óbvias, tais como *pen drives* e discos rígidos. Muitas impressoras podem armazenar informações em seu próprio disco rígido. Documentos podem ser armazenados temporariamente em impressoras e podem ser parcialmente recuperados. É possível também armazenar uma grande quantidade de informações em equipamentos móveis, como *smartphones*, *pen drives*, cartões de memória, agendas eletrônicas e *laptops*. É importante que, se um funcionário deixar a empresa, ele devolva todos os seus equipamentos, e as informações contidas neles sejam excluídas. Também deve haver procedimentos claros para quando tais equipamentos forem perdidos ou roubados.

11.2.6. Segurança de equipamentos e ativos fora das instalações

Avisos importantes de segurança são:

- Não deixe equipamento ou mídia abandonada (por exemplo, deixar um *pen drive* ou *laptop* no carro).
- As orientações do fabricante do equipamento quanto ao manuseio de mídias e equipamentos devem ser seguidas.
- Mantenha um registro de quem tem qual equipamento/ativo.
- Devem ser estabelecidos controles e orientações adicionais sobre a forma de lidar com equipamentos e ativos, dependendo da localização (em casa, durante o deslocamento, em uma organização de manutenção, etc.), e com dados onde estiverem sendo transportados (disco cifrado, telefone móvel, *pen drive*).

11.2.7. Alienação segura ou reutilização do equipamento

Notificações de segurança importantes visam verificar se alguma informação confidencial ou software licenciado foi deixado na mídia antes de descartá-la. As medidas de segurança devem incluir a destruição de dispositivos de armazenamento de dados, a criptografia de dispositivos de armazenamento de dados ou a exclusão de dados armazenados em dispositivos, caso estes não sejam mais relevantes.

11.2.8. Equipamentos não acompanhados

Impeça que pessoas não autorizadas acessem serviços/ativos das seguintes formas, por exemplo:

- Encerrando sessões ativas quando concluídas.

- Fazendo *log-off* de aplicativos ou serviços de rede quando eles não forem mais necessários.
- Bloqueando a tela/acesso por meio de um mecanismo seguro, por exemplo, um protetor de tela protegido por senha.

11.3. Resumo

Este capítulo sobre segurança física cobre um terreno muito amplo. Essencialmente, você foi apresentado à forma pela qual tentamos proteger nossa propriedade. Primeiramente determinamos quem pode entrar em nosso terreno e decidimos quando pôr ou não uma cerca em torno da área. Se pusermos, quão alta a cerca deve ser? Instalaremos câmeras dentro e fora do prédio? Todos podem andar pelo prédio ou também usamos sistemas de controle de acesso dentro do prédio?

Ficou claro que a segurança física não é de forma alguma apenas proteção contra roubo. Está também relacionada com a refrigeração de máquinas. Um servidor superaquecido sofrerá rapidamente uma avaria, o que passa então a afetar a continuidade das operações de TI. Proteger cabos contra qualquer forma de rompimento significa um melhor ambiente de trabalho. Equipamentos de energia de emergência garantem que podemos continuar trabalhando se a energia falhar (temporariamente).

Aprendemos também que implementar apenas medidas de segurança física não é suficiente para proteger a confiabilidade da informação. Medidas de segurança física devem ser implementadas em paralelo a medidas técnicas e organizacionais complementares. Isso será discutido nos capítulos seguintes.

12. Segurança Operacional

12.1. Procedimentos operacionais e responsabilidades

A fim de manter efetivos o gerenciamento e o controle de TI de uma organização, é importante documentar os procedimentos para a operação dos equipamentos e atribuir a responsabilidade das atividades necessárias às pessoas apropriadas. Detalhes podem ser fornecidos por meio de instruções de trabalho, tais como a forma como os computadores são ligados e desligados, fazer *backups*, manutenções, processar correspondências, etc.

Por exemplo: um PC executando Windows pode ser tolerante se desligado incorretamente, enquanto um PC Unix tende a responder de forma um pouco diferente. É por isso que procedimentos para iniciar após uma falha de sistema são tão importantes.

Um procedimento operacional inclui, por exemplo:

- Como lidar com a informação.
- Como, quando e quais *backups* são feitos.
- Pessoas de contato no caso de um incidente.
- Gestão de trilhas de auditoria e arquivos de *log*.

A principal finalidade de um procedimento operacional é assegurar que não haja mal-entendidos acerca da forma na qual o equipamento deve ser operado. Não importa se for um robô de solda, um programa que controla uma estação elétrica ou um programa de contabilidade.

As trilhas de auditoria e os arquivos de *log* do sistema mantêm um registro de todos os eventos e ações que ocorrem no sistema e na rede. Esses arquivos são armazenados em um local seguro e não podem, em teoria, ser modificados. No caso de problemas, esses arquivos são muitas vezes cruciais para a descoberta do que deu errado. Considere a caixa preta de um avião, a qual pode estabelecer o que ocorreu nos últimos minutos antes do acidente. Com base nessa informação, medidas podem ser tomadas para garantir que o incidente não ocorra novamente.

12.2. Gerenciamento de mudanças

A implementação de uma mudança pode levar a uma situação de "beco sem saída". Tanto implementar quanto não implementar uma mudança envolve risco. Essa situação pode ocorrer, por exemplo, no caso de uma vulnerabilidade conhecida. Não instalar uma atualização necessária é um risco, à medida que a vulnerabilidade pode ser explorada e levar a interrupções na infraestrutura. Por outro lado, instalar a atualização também é um risco, uma vez que circunstâncias imprevistas (por exemplo, devido à estabilidade dos sistemas) podem levar a interrupções. Esse exemplo também ilustra a necessidade de definir diferentes papéis no caso de mudanças. Por exemplo, o risco potencial de não instalar uma atualização de segurança é determinado pelo Encarregado de Segurança da Informação (*Information Security Officer* - ISO), enquanto os riscos associados à mudança devem ser avaliados pelo gerente do sistema.

Se mudanças tiverem que ser feitas a serviços de TI e sistemas de informação, então elas devem ser cuidadosamente consideradas, de forma antecipada, e conduzidas de forma controlada.

No Gerenciamento de Serviços de TI e também na estrutura do ITIL®, este processo é chamado de gerenciamento de mudanças.

O gerenciamento de mudanças coordena e monitora as alterações em sistemas. São frequentemente mudanças que foram planejadas de forma antecipada. Um exemplo de uma pequena mudança é uma alteração de uma tabela de dados ou uma atualização de software ou correção da "versão 2.1" para a "versão 2.2". Uma mudança de médio porte é, por exemplo, a transição do pacote Office "versão 2" para o pacote Office "versão 3". Uma mudança tem consequências que devem ser compreendidas e preparadas com antecedência.

O *staff* deve aprender a trabalhar com a nova versão. Formulários padrão devem ser modificados, e o pessoal da central de atendimento deve ser treinado para ser capaz de continuar a prover suporte.

Uma grande mudança pode ser a troca de um sistema de produção, o que, portanto, requer significativamente mais preparação e organização. Nesses casos as mudanças devem ser cuidadosamente testadas.

Sistemas de produção devem ser alterados apenas se houver razões substanciais para isso, tais como um risco aumentado para o sistema. Atualizar sistemas para a última versão do sistema operacional ou aplicação nem sempre é do interesse de uma empresa, uma vez que isso pode resultar em maior vulnerabilidade e instabilidade.

Esse exemplo mostra por que a separação de funções é tão importante. Se todos fossem capazes de implementar suas próprias modificações, poderia surgir uma situação incontrolável em que as pessoas não estariam cientes das mudanças implementadas pelos outros. Ainda mais importante, ficaria rapidamente impossível identificar qual mudança foi responsável por um problema ocorrido e, portanto, qual mudança deve ser desfeita. Todas as mudanças devem ser aprovadas antes de ir para a produção e um procedimento de restauração deve ser parte do procedimento de mudança, a fim de permitir a recuperação de uma modificação malsucedida.

12.3. Gerenciamento da capacidade

É necessário identificar e monitorar os requisitos de capacidade dos sistemas de TIC das organizações, para prevenir interrupções indesejadas devido à falta de largura de banda, espaço em disco, alocação de memória e capacidade de processamento. O gerenciamento da capacidade também é sobre definir e monitorar desempenho e espaço de bancos de dados e consumo de memória. Um cuidado especial deve ser dado aos sistemas críticos. Na estrutura do ITIL® há um processo definido para o gerenciamento da capacidade.

12.4. Proteção contra *malware, phishing* e spam

12.4.1. *Malware*

Malware é a combinação das palavras inglesas "malicious" e "software" e se refere a softwares indesejados, tais como vírus, *worms*, cavalos de Troia (*trojans*) e *spyware*. Uma medida padrão contra *malware* é usar antivírus e *firewalls*. Entretanto, está ficando cada vez mais claro que um antivírus sozinho não é suficiente para parar um *malware*. Uma das principais razões para o surto de vírus são as ações humanas. Uma infecção de vírus pode muitas vezes ocorrer através de um usuário que abre um anexo em um e-mail, que contém mais do que apenas o jogo, documento ou imagem prometidos, mas também contém um vírus. Portanto, é recomendável não abrir nenhum e-mail suspeito, ou e-mails de remetentes desconhecidos.

12.4.2. *Phishing*

Phishing é uma forma de fraude na internet. Tipicamente, a vítima recebe um e-mail pedindo para ele ou ela verificar ou confirmar uma conta junto a um banco ou provedor de serviços. Algumas vezes mensagens instantâneas são usadas e até contatos telefônicos já foram tentados. É difícil apanhar os autores de *phishing*. Usuários de internet devem permanecer particularmente vigilantes e não devem nunca responder a um pedido por e-mail para transferir dinheiro ou enviar informações pessoais (financeiras), tais como números de conta de banco, códigos PIN ou detalhes do cartão de crédito.

Caso Springbooks

O Departamento de Marketing da Springbooks enviou o seguinte boletim informativo:

Caro assinante do Springbooks Webmail,

Atualmente estamos realizando uma manutenção na sua conta Springbooks.com. Isto nos permitirá oferecer a você um serviço melhor do que nunca.

Para completar esse processo, você deve responder esta mensagem e fornecer seu nome de usuário atual aqui ( ) e senha aqui ( ) se você for o proprietário correto desta conta. Nossa Central de Mensagens irá confirmar sua identidade com a inclusão de sua pergunta secreta e responderá imediatamente. O novo Webmail Springbooks.com é uma aplicação rápida e leve para prover acesso fácil e simples aos seus e-mails. Adicionalmente, esse processo nos ajudará a combater e-mails de spam. Não fornecer a sua senha resultará na remoção de seu endereço de e-mail da nossa base de dados.

Você também pode confirmar seu endereço de e-mail fazendo login em sua conta em Springbooks.com, Webmail: https:// webmail.springbooks.com.

ATENÇÃO: uma mensagem de reset de senha será enviada a você nos próximos sete dias úteis após esse processo, por razões de segurança.

Obrigado por usar o Webmail Springbooks.com!

https:// webmail.springbooks.com

Caso Springbooks

Foi descoberto um ataque aos clientes da livraria Sringbooks, o qual tentava roubar não só detalhes bancários, mas também detalhes de cartão de crédito, números fiscais e de seguridade social e códigos PIN. Esse ataque, que é possivelmente o trabalho de um projetista de vírus holandês que havia atacado anteriormente via MSN, consiste de duas partes, em que o malware mudava a homepage da vítima. Essa página então direcionava para um domínio .nl comprometido (de acordo com o cache do Google, o domínio tt-ribbons.nl).

O seguinte texto aparecia na página comprometida: "no momento, Springbooks.com foi direcionado para os serviços da autoridade fiscal em colaboração com google.nl e seu ISP. É obrigatório que você digite os detalhes solicitados. O benefício para você é que, nos próximos anos, você não terá mais que enviar declarações fiscais, pois isso será feito automaticamente pelo novo sistema das autoridades fiscais. É importante que você tenha os seguintes itens à mão: carteira de identidade, cartão de débito (da conta a partir da qual seus pedidos são pagos) e cartão de crédito".

As vítimas eram até ameaçadas: "seu endereço IP foi armazenado na base de dados da Springbooks.com", e o site mostrava o endereço IP do visitante. A fim de dar a isso tudo um sentimento de legitimidade, o site também destacava um certificado "a prova de hacker" e um logotipo de "Microsoft Certified Professional".

12.4.3. Spam

Spam é o nome usado para se referir a mensagens indesejadas. O termo é normalmente usado para e-mails indesejados, mas as mensagens publicitárias indesejadas em *websites* também são consideradas spam. Os custos do spam são passados para os destinatários; em comparação com as poucas pessoas que estão realmente interessadas nessas mensagens, a grande maioria desperdiça uma quantidade significativa de tempo removendo as mensagens de sua caixa de correio.

Um filtro de spam pode aliviar um pouco esse fardo. Há também algumas outras coisas que os usuários de computador podem fazer para combater o spam. Uma delas é nunca responder uma mensagem de spam – mesmo "desativar" ou "cancelar" acaba causando mais spam, uma vez que assim você confirma para quem enviou o spam que seu e-mail funciona e o spam sem dúvida irá aumentar. Além disso, não encaminhe mensagens de spam e não distribua endereços de e-mail. Para ocultar endereços de e-mail, use a função "cópia oculta" (*Blind Carbon Copy* – BCC), que está disponível no cliente de e-mail.

No noticiário:

De longe, a grande maioria das mensagens enviadas a cada ano é spam. Esse montante cresce a cada ano, embora existam novas medidas de segurança para parar isso.

Ao enviar mensagens, os emissores de spam frequentemente recorrem a eventos atuais. "Dessa forma eles esperam que os destinatários estejam mais inclinados a abri-los", diz CleanPort. Em particular, eventos políticos que foram grande notícia causaram um aumento do número de e-mails de spam.

Malware, phishing *e spam são assuntos importantes no código de conduta e nas campanhas de conscientização sobre segurança para funcionários.*

No noticiário:

Muitas pessoas, atualmente, encomendam livros pela internet. É conveniente e seguro. Mas há também uma desvantagem. Criminosos sempre tentarão cometer fraudes através da internet.

As compras na internet têm experimentado um enorme crescimento nos últimos anos. Pesquisas realizadas pela Associação Internacional de Webstores mostraram que 98% daqueles que compram pela internet consideram isso seguro. Entretanto, uns 20% não tomam medidas de segurança suficientes. As lojas trabalham diariamente para garantir que são seguras, mas a responsabilidade pela segurança também cabe ao consumidor.

Isso levou à campanha dos "3 corretos" na Holanda:

1. *A segurança do seu PC está correta?*
2. *O website do seu banco está correto?*
3. *Seu pagamento está adequado/correto?*

A atenção pode ajudar a evitar uma grande quantidade de danos.

12.5. Algumas definições

12.5.1. Vírus

Definição:

Um vírus é um pequeno programa de computador que propositalmente se replica, algumas vezes de forma alterada. As versões replicadas do vírus original são, em virtude dessa definição, também vírus. Para que o vírus se espalhe, ele depende de portadores que contenham um código executável.

Explicação:

Assim que o portador é ativado, o vírus busca por novos portadores adequados e tenta infectá-los. O vírus só pode se espalhar fora do alcance do sistema infectado se um usuário transferir arquivos do sistema infectado para um novo sistema.

Os portadores eram tradicionalmente só programas, mas atualmente documentos também podem agir como hospedeiros para um vírus, uma vez que eles possuem cada vez mais códigos executáveis, tais como macros, VBScript ou ActiveX. Na grande maioria dos casos, os vírus são equipados com uma carga útil (*payload*) que contém todas as tarefas que não sejam aquelas necessárias para a replicação. Essa carga é geralmente, mas não necessariamente sempre, destrutiva.

Exemplos:

- O vírus Brain (1986).
- O vírus Chernobyl (1998).

- ZEUS (2014).
- Cryptolocker (2014).

Medidas:

- Garantir que há um antivírus no servidor de e-mails e nos computadores individuais do local de trabalho. Sempre ter um antivírus com as definições atualizadas.
- Assegurar que o assunto vírus esteja incluído em uma campanha de conscientização de segurança.
- Assegurar que esse assunto esteja incluído na política de segurança da informação da organização.
- Assegurar que existam formas efetivas de reportar incidentes e bons procedimentos de acompanhamento.

12.5.2. *Worm*

Definição:

Um *worm* é um pequeno programa de computador que propositalmente se replica. Os resultados da replicação são cópias da propagação original para outros sistemas, fazendo uso dos equipamentos da rede de seu hospedeiro.

Explicação:

Embora as diferenças entre vírus e *worms* estejam ficando cada vez mais turvas, eles ainda têm uma série de características distintas. Um vírus pode atacar seu hospedeiro por meio de diferentes portadores e infectar novos portadores transferindo código ativo para esses novos portadores. Um *worm*, por outro lado, não depende de um usuário para se espalhar; assim que o *worm* é ativado, ele consegue se espalhar automaticamente. É isso que habilita os *worms* a infectar grandes áreas em um curto período de tempo.

As duas similaridades mais importantes são a dependência de um código executável no portador e o uso de uma carga útil para realizar tarefas secundárias, usualmente destrutivas.

Exemplos:

- Blaster (2003).
- Storm Worm (2007).
- Stuxnet (2010).

Medidas:

- Assegurar que haja um antivírus no servidor de e-mail e nos computadores individuais do local de trabalho. Sempre ter um antivírus com definições atualizadas.
- Uma vez que *worms* podem ser descobertos na rede, usar uma ferramenta de monitoramento de rede.
- Assegurar que o assunto "worms" esteja incluído em uma campanha de conscientização de segurança.
- Assegurar que este assunto esteja incluído na política de segurança da informação da organização.
- Assegurar que existam formas efetivas de relatar incidentes e bons procedimentos de acompanhamento.

12.5.3. Cavalo de Troia

Definição:

Um cavalo de Troia, ou *trojan*, é um programa que, além da função que aparenta desempenhar, conduz propositalmente atividades secundárias, imperceptíveis pelo usuário do computador, o que pode prejudicar a integridade do sistema infectado.

Explicação:

Assim como o cavalo de Troia real, um *trojan* se apresenta como algo útil, mas, quando ativado pelo usuário, pode conduzir todo tipo de atividade indesejada em segundo plano. A carga útil de um cavalo de Troia frequentemente instala um *backdoor*, através do qual pessoas desconhecidas podem ganhar acesso não autorizado ao sistema infectado. Outra atividade frequente dos *trojans* é enviar informações confidenciais do sistema infectado para outro local, onde elas podem ser coletadas e analisadas.

A diferença mais notória com relação aos vírus e *worms* é que os cavalos de Troia não podem se autorreplicar. Como resultado, cavalos de Troia são normalmente capazes de realizar seu trabalho sem serem percebidos por um longo período de tempo.

Exemplos:

- BackOrrifice (2000).
- Netbus (1998).
- Sub7 (1999).
- Storm Worm (2007).

Medidas:

- Assegurar que haja um sistema de varredura contra cavalos de Troia e/ou vírus no servidor de e-mail e nos computadores individuais do local de trabalho. Assegurar que o antivírus seja atualizado regularmente.
- Assegurar que o assunto "cavalos de Troia" esteja incluído em uma campanha de conscientização de segurança; por exemplo, funcionários devem ter consciência do perigo de abrir anexos de e-mails suspeitos.
- Assegurar que o assunto esteja incluído na política de segurança da informação da organização. As consequências (relacionadas à comunicação) dos cavalos de Troia também podem ser descobertas pelos administradores de rede; há ferramentas de monitoração de rede disponíveis para isso.
- Outra contramedida é o uso de um *firewall* pessoal no próprio local de trabalho, a fim de detectar tráfego suspeito na rede.
- Garantir que existam formas efetivas de reportar incidentes e bons procedimentos de acompanhamento.

12.5.4. *Hoax*

Definição:

Um *hoax* (ou seja, boato ou farsa) é uma mensagem que tenta convencer o leitor de sua veracidade e depois busca persuadi-lo a realizar uma determinada ação. A propagação de um *hoax* depende de os leitores deliberadamente enviarem a mensagem para outras vítimas em potencial, que também podem fazer o mesmo.

Explicação:

A identificação do *hoax* é o primeiro passo para parar a sua propagação. A carga útil de um *hoax* não é técnica por natureza, é psicológica. Ao jogar com a emoção das pessoas, o *hoax* tenta persuadir o leitor a enviá-lo a outras pessoas (uma forma de engenharia social). Este é quase sempre o propósito de um *hoax*, embora possa, em certas ocasiões, tentar convencer a pessoa a depositar dinheiro, fornecer informação pessoal (*phishing*) ou coisas similares. Correntes de e-mail são a mais significativa e bem-sucedida forma de *hoax*. Correntes de e-mail quando enviadas a muitas pessoas consomem recursos do servidor de e-mails, largura de banda, etc.

Exemplos:

- Good times (1994).
- Pen Pal (Greetings) (2000).
- Olympic Torch (2006).

Medidas:

- Assegurar que haja um antivírus no local de trabalho e uma solução antisspam no servidor de e-mail. Um *hoax* frequentemente contém textos que podem ser reconhecidos por tais soluções.
- Assegurar que o assunto "hoaxes" esteja incluído em uma campanha de conscientização de segurança; o *staff* deve ter cuidado com perguntas estranhas nos e-mails, especialmente aqueles que tentam convencer o leitor a realizar determinadas ações, como encaminhar o *hoax* para outras pessoas.
- Assegurar que o assunto esteja incluído na política de segurança da informação da organização.
- Garantir que existam formas efetivas de reportar incidentes e bons procedimentos de acompanhamento.

12.5.5. Bomba lógica

Definição:

Uma bomba lógica é um pedaço de código que é construído em um sistema de software. Este código executará então uma função quando condições específicas forem atendidas. Isso nem sempre é usado para propósitos maliciosos.

Um programador, por exemplo, pode produzir um código que destrói arquivos (sensíveis) uma vez que ele saia da rede da empresa. Vírus e *worms* frequentemente possuem bombas lógicas, que normalmente têm um atraso embutido para a execução do vírus e a propagação do *worm*.

Medidas:

Para um software escrito por pessoal da empresa, ou sob contratos com terceiros, assegurar que uma revisão do código seja feita por outra parte.

12.5.6. *Spyware*

Definição:

Spyware é um programa que coleta informações no computador do usuário e as envia para outra parte. O propósito disso é fazer dinheiro. O *spyware* não tenta propositalmente danificar o PC e/ou o software nele instalado, mas, sim, violar a privacidade.

Spyware pode, algumas vezes, ser reconhecido de diversas formas, por exemplo:

- O computador está mais lento que o usual.
- Programas que você nunca iniciou, ou que você nunca viu antes, estão sendo executados no computador.
- As configurações do computador foram modificadas, podendo haver uma barra de ferramentas no seu navegador de internet que antes não estava ali e agora não pode ser removida.
- Todos os tipos de janelas *pop-ups* aparecem sem aviso ou ao abrir páginas da *web*.

Medidas:

- Garantir que os softwares do local de trabalho sejam atualizados regularmente.
- Ter *scanners* que inspecionem o registro do Windows em busca de chaves de registro suspeitas e inspecionem softwares instalados em busca de *spyware*. Às vezes programas de antivírus também podem detectar *spyware*.

- Usar um *firewall* pessoal a fim de detectar tráfego de rede suspeito, especialmente tráfego que sai do seu computador sem nenhuma razão.
- Assegurar que o assunto "spyware" esteja incluído em uma campanha de conscientização de segurança. O *staff* deve ter cuidado com perguntas estranhas nos e-mails, especialmente aqueles que tentam convencer o leitor a realizar determinadas ações.
- Assegurar que o assunto esteja incluído na política de segurança da informação da organização.
- Garantir que existam formas efetivas de reportar incidentes e bons procedimentos de acompanhamento.

12.5.7. *Botnets*

Botnet é uma combinação das palavras *robot* e *network*. O termo é normalmente utilizado com uma conotação negativa ou maliciosa. Um *botnet* é uma coleção de programas conectados a outros programas similares, via internet, a fim de realizar tarefas no computador de alguma pessoa. Esses programas podem se comunicar por meio de vários canais para realizar diferentes tarefas, tais como enviar e-mails de spam ou participar de um ataque distribuído de negação de serviço.

É possível se tornar parte de um *botnet* clicando em um link em um e-mail ou em uma página *web*, ou abrindo um anexo inseguro de e-mail onde um *malware* está escondido. Muitas vezes, *malwares* podem ser baixados sem qualquer noção do usuário. Quando um computador se torna um *bot*, é mantida uma conexão com um servidor de comando e controle, de onde o operador do *botnet* pode instruir todos os computadores comprometidos a realizar tarefas.

Novas análises sobre tendências da *web* mostram que o número de sites suspeitos está aumentando imensamente, diariamente. Existem *botnets* com milhões de *bots* e muito esforço vem sendo feito para derrubar servidores de comando e controle.

Medidas:

- Garantir que os softwares do local de trabalho sejam atualizados regularmente.

- Ter *scanners* que inspecionem o registro do Windows em busca de chaves de registro suspeitas e inspecionem softwares instalados em busca de *worms*. Às vezes programas de antivírus também podem detectar atividades de *worms*.
- Usar um *firewall* pessoal a fim de detectar tráfego de rede suspeito.
- *Worms* também podem ser descobertos na rede; ferramentas de monitoramento de rede estão disponíveis para isso.
- Assegurar que o assunto "botnet" esteja incluído em uma campanha de conscientização de segurança. O *staff* deve ter cuidado com perguntas estranhas nos e-mails, especialmente aqueles que tentam convencer o leitor a realizar determinadas ações. *Websites* suspeitos devem ser evitados; existe um software que indica em seu navegador de internet quando um *website* pode ser inseguro.
- Assegurar que o assunto esteja incluído na política de segurança da informação da organização.
- Garantir que existam formas efetivas de reportar incidentes e bons procedimentos de acompanhamento.

12.5.8. *Rootkit*

Um *rootkit* é um conjunto de ferramentas de software que são frequentemente usadas por um terceiro (normalmente um *hacker*) após ter obtido acesso a um sistema (computador). O *rootkit* se esconde com profundidade no sistema operacional, possivelmente fazendo com que este se torne instável. É quase impossível remover um *rootkit* sem danificar o sistema operacional.

Em termos gerais, os *rootkits* podem trabalhar em dois níveis: no nível do *kernel* e no nível do usuário. Processadores modernos conseguem lidar com programas no modo de *kernel* e no modo de usuário, e essa diferença é que é fundamental: programas no modo *kernel* têm acesso a toda a área de memória, enquanto aplicações no modo usuário são limitadas a segmentos específicos da memória. *Rootkits* com estratégias de *kernel* podem, portanto, fazer quase tudo que quiserem na memória de trabalho. O propósito dessas ferramentas é ler, alterar ou influenciar os processos em execução, dados ou arquivos do sistema. Um *rootkit* ajuda o invasor a ganhar acesso ao sistema, sem o usuário perceber nada.

Existem *rootkits* para quase todos os sistemas operacionais - Linux, Solaris, Mac OS e a maioria das versões do Windows, dentre outros. Os *rootkits* se tornaram mais publicamente conhecidos no outono de 2005, quando veio à tona que a gravadora Sony/BMG introduziu *rootkits* por meio de seus CDs de música, a fim de instalar segurança contra cópias.

No final de agosto de 2007, *rootkits* foram introduzidos novamente em produtos da Sony. Dessa vez foi para proteger cartões de memória. Um *rootkit* foi usado para prover melhor proteção, mas, infelizmente, não foi dada atenção suficiente para as consequências de aplicar essa controversa medida de segurança. Essa medida de segurança, na verdade, não foi desenvolvida pela Sony, mas pela empresa FineArt Technology, de Taiwan.

Rootkits são extremamente difíceis de detectar e infectam o sistema muitas vezes sem o usuário perceber nada. Eles podem se esconder e também se disfarçar enganando programas de detecção. O único propósito de um *rootkit* é criar e esconder arquivos, conexões de rede, endereços de memória e entradas de índice. Mesmo quando o *rootkit* é removido, as mudanças que fez no sistema permanecem inalteradas e são normalmente imperceptíveis. Em outras palavras, a única forma de ter certeza absoluta de que um *rootkit* foi removido é formatar e reinstalar todo o sistema a partir do zero.

O nome *rootkit* vem do ambiente Unix: *root* refere-se ao chamado superusuário no Unix. Da década de 1980, *hackers* conseguiram se infiltrar em sistemas Unix e instalar *backdoors*, o que permitiu a eles assumir o controle da máquina, repetidas vezes, com os direitos de *root*.

Medidas:

- Garantir que os softwares do local de trabalho sejam atualizados regularmente.
- Ter *scanners* que inspecionem o registro do Windows em busca de chaves de registro suspeitas e inspecionem softwares instalados em busca de *rootkits*. Às vezes programas de antivírus também conseguem detectar *rootkits*, entretanto, é recomendado utilizar ferramentas especiais que rastreiem e destruam *rootkits*.
- Usar um *firewall* pessoal a fim de detectar tráfego de rede suspeito; o software de *rootkit* pode fazer uso do tráfego da rede.

- *Rootkits* utilizam capacidade do processador e memória interna. Mesmo que os *rootkits* estejam bem escondidos, existem programas que podem detectá-los.
- Assegurar que o assunto "rootkit" esteja incluído em uma campanha de conscientização de segurança. O *staff* deve ter cuidado com perguntas estranhas em e-mails.
- Assegurar que o assunto esteja incluído na política de segurança da informação da organização.
- Garantir que existem formas efetivas de reportar incidentes e bons procedimentos de acompanhamento.

12.6. *Backup*

O propósito de fazer *backups*, ou cópias reservas, é manter a integridade e a disponibilidade da informação e das instalações computacionais.

As consequências da perda de informação dependem da idade da informação que pode ser recuperada a partir do *backup*. É importante, portanto, considerar o intervalo em que os *backups* são feitos. Quanto tempo podemos nos permitir para recuperar novamente a informação que foi perdida? É importante que o *backup* seja testado regularmente.

Além de realmente fazer e testar os *backups*, também é necessário considerar como os *backups* são manejados. Os *backups* são retirados de prédios altamente seguros e depois colocados em armários destrancados? Ou os *backups* são colocados próximos ao servidor com os dados originais? Os *backups* vão para terceiros? Os dados são criptografados? Por quanto tempo os *backups* são armazenados? Isso atende aos requisitos legais de armazenamento?

12.7. Registro e monitoração

Com o aumento dos ataques de *malware*, e também com o mau comportamento, intencional ou não, de usuários, é necessário ter a capacidade de registrar eventos e produzir evidências. Para esse propósito, é essencial ter um bom registro (*logging*).

12.7.1. Registro de eventos (*log*)

O registro de eventos (*log*) é a coleção de atividades de sistema e de usuários, exceções, falhas e eventos de segurança da informação. Ao coletar os *logs* de eventos é importante que você olhe para as informações coletadas; caso contrário, a coleta de *logs* é inútil. Tenha em mente que os *logs* devem ser mantidos em um local seguro e protegidos contra modificações ou exclusão das informações coletadas. Antes de começar a coletar os *logs*, pense sobre o que registrar, por quanto tempo manter os *logs* e quem deve acessar a informação. Para garantir que *logs* diferentes possam ser usados para investigar um evento de segurança, os relógios do sistema devem ser sincronizados com uma única fonte de referência de tempo. Tenha em mente que arquivos de *log* contendo dados pessoais devem ser protegidos conforme as leis de privacidade.

12.8. Controle do software operacional

Software operacional é o software usado nos sistemas operacionais. Dentro de uma organização, a manutenção de softwares operacionais por usuários finais não deve ser permitida e só deve ser efetuada pelos operadores depois de testada. É importante pensar em uma estratégia de restauração caso algo dê errado ao atualizar os sistemas operacionais, mesmo após um bom teste.

12.9. Gestão de vulnerabilidades técnicas

Uma vulnerabilidade é uma fragilidade de um ativo ou grupo de ativos que pode ser explorada por uma ou mais ameaças. Uma vulnerabilidade caracteriza a ausência de proteção ou a fragilidade de uma proteção que pode ser explorada. Essa vulnerabilidade pode ser um serviço executando em um servidor, aplicações ou sistemas operacionais não corrigidos, acesso discado irrestrito via modem, uma porta aberta em um *firewall*, segurança física fraca que permite que qualquer pessoa entre em uma sala de servidores ou um fraco gerenciamento de senha em servidores e estações de trabalho.

12.9.1. Gerência de vulnerabilidades técnicas

Uma vulnerabilidade técnica é uma fraqueza em um sistema computacional que permite que alguém ataque o sistema computacional vulnerável. Existem muitas vulnerabilidades que são encontradas por *hackers* éticos ou por coincidência. Todo sistema computacional possui vulnerabilidades, às vezes conhecidas e às vezes desconhecidas pelo proprietário. É importante que, tão logo a vulnerabilidade seja conhecida, medidas apropriadas sejam tomadas para prevenir que atacantes explorem a vulnerabilidade. Para vulnerabilidades desconhecidas, um processo de gestão de incidentes é necessário para garantir uma resposta apropriada no caso de uma violação. Para vulnerabilidades conhecidas, os fornecedores provavelmente fornecerão atualizações ou correções. Essas correções devem ser testadas e verificadas para garantir que o software operacional continue funcionando como planejado. Se não houver correção disponível, o risco pode ser minimizado adotando medidas de segurança, como, por exemplo, isolamento do sistema, adaptação de *firewalls* e maior monitoramento.

13. Segurança das Comunicações

13.1. Gestão da segurança de rede

As redes formam a espinha dorsal da maioria, senão de todos os sistemas de informação, e proteger essas redes ajuda a proteger a informação. A gestão da segurança de rede ajuda a manter os maus elementos longe dos ativos importantes.

É importante notar aqui que, embora a proteção das redes seja uma parte importante da segurança da informação, não é suficiente tratar apenas da segurança de rede ao lidar com segurança da informação. Por exemplo, o fato de um usuário ser autorizado a acessar uma rede (por exemplo, usar uma rede sem fio) não significa que ele também possa usar todos os sistemas de informação conectados a essa rede (por exemplo, o sistema de contabilidade de uma organização).

Quando informações (altamente) confidenciais estão envolvidas, é importante lembrar que a maioria dos equipamentos conectados à rede, tais como impressoras – as quais são frequentemente combinadas com as funções de *scanner*, fax e copiadora –, é equipada com um disco rígido. Esses discos armazenam todas as informações que devem ser processadas. Por meio de aplicações especiais, é muitas vezes possível obter acesso a esse disco rígido e copiar todos os dados nele existentes. Além disso, um "engenheiro de manutenção" pode retirar tal disco rígido do prédio, muitas vezes sem ser notado.

13.1.1. Controles de rede

Devem ser estabelecidos procedimentos e responsabilidades para a gestão de equipamentos de rede. Quando sistemas dentro de uma única empresa estão conectados uns aos outros, procedimentos devem ser desenvolvidos e implementados com antecedência, a fim de proteger a informação contra riscos de segurança evitáveis.

Embora as aplicações possam ser efetivamente protegidas individualmente, vulnerabilidades podem surgir inesperadamente quando elas são interligadas. Por exemplo, em sistemas de administração e de contabilidade, onde a informação é compartilhada entre diferentes partes da organização. Quando as informações são mantidas seguras na aplicação de contabilidade, mas o sistema de administração contém uma vulnerabilidade, os dados compartilhados com essa aplicação também estão em risco. Vulnerabilidades também podem surgir nas conexões dos sistemas de comunicação da empresa, tais como chamadas telefônicas ou audioconferências, conversas telefônicas confidenciais ou armazenamento digital de faxes. Portanto, é importante saber quais sistemas estão conectados à rede e tomar medidas para que apenas os sistemas autenticados possam ter acesso à rede. Outra medida básica é limitar ao mínimo o acesso de sistemas à rede e realizar verificações regulares sobre quais sistemas estão conectados e por quê.

Ao lidar com conexões a outras redes, os riscos associados devem ser levados em conta. Por exemplo, se estiver lidando com informações confidenciais ao se conectar a uma rede sem fio e/ou pública, pode ser necessário tomar medidas adicionais para proteger a confidencialidade e a integridade dos dados que estão sendo transferidos.

Ao lidar com requisitos de alta disponibilidade, a escolha do tipo de rede pode ser importante. Por exemplo, em ambientes com grande interferência elétrica, pode haver um elevado risco de as redes sem fio não serem capazes de transmitir informações. A escolha por outro tipo de rede, tal como uma rede cabeada, pode ser uma opção melhor.

Para reagir às mudanças na segurança de rede, é importante conhecer o que está ocorrendo nas redes. Portanto, dependendo dos requisitos de segurança, devem ser projetados e implementados registros apropriados e monitoramentos de rede e de serviços de rede. O objetivo do registro e do monitoramento deve estar focado na detecção de violações de segurança, mas também pode servir para examinar a causa de um incidente.

Em redes interconectadas, é cada vez mais comum que as redes e os serviços de rede sejam mantidos e gerenciados por diferentes unidades organizacionais, ou mesmo gerenciados por diferentes organizações, como no caso da terceirização ou dos provedores de rede, como um serviço de telecomunicações. Isso requer uma coordenação estreita entre essas diferentes redes e serviços de rede, para poder determinar quais requisitos de segurança são necessários e quais medidas melhor se adequam a esses requisitos.

13.1.2. Segurança dos serviços de rede

Há uma variedade de formas pelas quais o acesso às redes pode ser controlado, dependendo em parte do tipo de rede. Por exemplo, pontos de acesso sem fio usam padrões de controle de acesso, como WPA2, por exemplo, para atender ao requisito de que apenas usuários autorizados podem acessar uma rede sem fio específica. Para evitar que usuários não autorizados acessem uma rede, é importante verificar se credenciais, como frases-senha para acesso a uma rede sem fio, não são facilmente adivinháveis ou estão definidas com valores padrão.

Há muitas outras tecnologias de segurança que podem ser usadas para proteger serviços de rede, tais como o uso de certificados digitais ou outros métodos de autenticação de usuário, *firewalls*, sistemas de detecção de intrusão (*intrusion detection systems*) e o uso de criptografia para as informações em trânsito.

VPNs (*Virtual Private Networks*) que se comunicam pela internet

Uma rede privada virtual (VPN) faz uso de uma rede já existente, normalmente a internet, a fim de permitir a troca de informações entre redes geograficamente separadas como se estivessem na própria rede da empresa. Os dados são efetivamente protegidos - garantindo assim a sua integridade, autorização e autenticidade - enquanto são enviados. Muitos protocolos técnicos foram desenvolvidos para assegurar a disponibilidade desse serviço; atualmente, o protocolo mais conhecido e amplamente usado é o IPSec.

No noticiário

Uma grande empresa foi invadida para a obtenção de dados pessoais e segredos da companhia. O hacker alegou que obteve acesso à rede da empresa por um período de um mês e roubou dados que ele, em seguida, ameaçou colocar on-line a menos que recebesse uma quantia de dinheiro.

A empresa possuía serviços de segurança implantados, mas houve pouca manutenção e o orçamento de segurança de TI foi cortado nos últimos anos. Senhas padrão e algumas senhas fracas eram usadas, e, além disso, a administração da rede estava com falta de pessoal, as correções não eram aplicadas e muitos sistemas possuíam vulnerabilidades que podiam ser exploradas. O monitoramento de rede não estava implantado.

A empresa não fez o pagamento. Então os segredos foram disponibilizados on-line e dados pessoais vazaram, causando violações de privacidade. Foram necessários vários meses para a empresa limpar a rede, atualizar os sistemas e obter controle sobre seus próprios ativos de rede novamente.

13.1.3. Segregação de redes

Um desafio significativo em segurança da informação é que as redes compartilhadas podem se estender para além dos limites da organização. Veja, por exemplo, a diferença entre uma *intranet* e uma *extranet*.

Intranet

Uma *intranet* é uma rede privada dentro de uma organização. Para o usuário, a *intranet* é uma versão privada da internet. O objetivo principal da *intranet* é o compartilhamento digital de informações dentro de uma organização. Ela também pode ser usada para teleconferências e para facilitar e estimular a colaboração digital em grupos. Através de uma rede pública, como a internet, é possível para uma organização ligar as partes da *intranet* que são separadas. Métodos especiais de criptografia, juntamente com outras medidas adicionais de segurança, garantem a confiabilidade dessa transferência. Quando uma organização torna parte de sua *intranet* acessível para clientes, parceiros, fornecedores ou outras partes de fora da organização, essa parte da rede é chamada de *extranet*.

Extranet

Uma *extranet* é um tipo de rede de computadores dentro de uma organização. A *extranet* está ligada à intranet. O objetivo da *extranet* é tornar a informação da empresa disponível, de forma segura, para clientes, parceiros e fornecedores fora da organização. Por exemplo, uma empresa permite que os clientes façam encomendas diretamente em sua rede através da *extranet*. Uma *extranet* requer o uso de medidas de proteção e privacidade.

13.2. Transferência da informação

A fim de evitar que informações cheguem a partes para as quais não são destinadas, é importante estabelecer acordos internos e externos relativos ao intercâmbio de informações. O objetivo do intercâmbio de informações e o que as partes acordaram devem ser documentados. O acordo deve especificar a frequência com que as informações devem ser compartilhadas e de que forma.

É importante evitar a troca de informações entre pessoas de empresas diferentes (possivelmente concorrentes). Sem perspectivas claramente documentadas, um empregado ou contratado pode compartilhar informações confidenciais com uma pessoa errada sem perceber o efeito prejudicial que isso pode ter sobre a posição competitiva de sua própria empresa.

O aumento da conscientização nessa área é uma importante medida de segurança.

No noticiário

Um provedor de internet americano apagou acidentalmente as caixas de correio de 14.000 clientes. De acordo com uma porta-voz, isso nunca aconteceu antes e nunca mais vai acontecer novamente. A porta-voz disse que não é possível recuperar os dados perdidos e pediu desculpas.

O erro foi causado pelo provedor, que também fornece serviços de cabo e telefone, seguindo uma prática de remover automaticamente contas de correio inativas a cada três meses. Ao fazê-lo, nesta ocasião, ele apagou acidentalmente também as contas ativas.

13.2.1. Mensagens eletrônicas

Mensagens eletrônicas apresentam riscos que não estão presentes no caso da comunicação em papel. É por isso que informações trocadas digitalmente devem ser protegidas de forma adequada.

É particularmente importante estar ciente de que quando as informações são enviadas por e-mail elas podem ser lidas por qualquer pessoa que deseje fazê-lo. Além disso, cópias do e-mail podem ser armazenadas em servidores espalhados por todo o mundo. A internet, afinal de contas, não escolhe o caminho mais curto, mas o caminho mais rápido.

A rota mais rápida de Londres para Paris em um dia específico pode ser através de Moscou, Nova York e Berlim.

Se as informações forem altamente confidenciais, é melhor não as enviar por e-mail. Se não houver outra maneira, então você deve assegurar a proteção da mensagem através do uso de criptografia.

13.2.2. Contratos de confidencialidade ou de não divulgação

Informações sensíveis devem ser devidamente identificadas e adequadamente protegidas, mas as pessoas de dentro da empresa e os parceiros externos precisam de acesso a informações sensíveis, ou podem obter acesso a tais informações. Tome como exemplo um administrador de banco de dados que pode ter acesso a informações sensíveis devido à natureza de seu trabalho. Ou que a empresa concordou que o novo sistema de TI deve ser localizado na nuvem, o que potencialmente significa que o fornecedor de serviços em nuvem pode ter acesso a dados sensíveis da empresa. Para ser capaz de proteger as informações e criar uma estrutura juridicamente exequível, devem existir acordos de confidencialidade ou de não divulgação elaborados e assentados. Nesses acordos, são estabelecidos por escrito o proprietário dos dados, o acesso que é permitido, bem como as ações a serem tomadas no caso de violação da sua confidencialidade. Esses acordos devem ser elaborados com a ajuda de um consultor jurídico.

No noticiário

Quando um cliente de um provedor de internet percebeu que tinha acesso a um arquivo muito grande, que ele não reconhecia, ele baixou o arquivo e descobriu que este continha todos os detalhes dos clientes de um provedor de internet, cerca de dois milhões e meio no total. O gerente do provedor de serviços provavelmente cometeu um erro ao criar o arquivo de backup. O cliente informou ao provedor de serviços sobre o erro. Quando o provedor de internet não respondeu, ele decidiu compartilhar suas experiências em um fórum na internet.

"O que aconteceu aqui está errado", disse um porta-voz do provedor de internet. "Normalmente, esse tipo de notificação iria para a nossa equipe de segurança, que trataria disso imediatamente".

Conclusões:

O primeiro erro foi no procedimento de backup.

O segundo erro foi que o procedimento de incidentes não foi seguido, resultando em nenhuma resposta à notificação do cliente. Somente quando o dano foi feito e o erro tornou-se público que o provedor respondeu.

Felizmente, nesse caso, a pessoa que fez a descoberta não foi além de relatar isso em um fórum. Ela também poderia ter publicado toda a lista na internet ou poderia ter vendido os detalhes dos clientes, o que levaria os clientes em questão a serem inundados com spam ou colocados em risco significativo de fraude de identidade.

14. Aquisição, Desenvolvimento e Manutenção de Sistemas

14.1. Requisitos de segurança de sistemas de informação

Desde o primeiro momento em que a empresa considera comprar e desenvolver um sistema de informação, é recomendável que segurança faça parte do projeto. A principal razão para isso é que adicionar segurança ao sistema de informação em uma fase posterior normalmente é mais caro do que fazer isso no projeto inicial. Em alguns casos nem é possível proteger um sistema em uma fase posterior, devido a erros fundamentais de projeto.

Projetar sistemas de informação seguros não é fácil, uma vez que eles normalmente são compostos por sistemas operacionais, infraestruturas, processos operacionais, produtos pré-fabricados, serviços e aplicações. O projeto e a implementação dos sistemas de informação que apoiam os processos operacionais podem ser fatores decisivos na forma como a segurança é implementada. Adicionar segurança, em uma fase posterior, a um dos elementos de um sistema de informação pode ter efeitos negativos em outras partes. Por exemplo, quando um serviço de rede vulnerável é modificado, pode acontecer de uma aplicação deixar de funcionar se ela for dependente daquele serviço de rede específico. Para evitar tais problemas ao máximo, os requisitos de segurança precisam ser acordados e documentados antes que os sistemas de informação sejam desenvolvidos e/ou implementados. Como sistemas de informação são compostos por muitos elementos inter-relacionados e dependentes, é consideravelmente mais barato implementar, testar e manter medidas de segurança durante a fase de concepção do que durante, ou após, a implementação. Quando requisitos de segurança são documentados durante a análise de riscos e a especificação dos requisitos para o projeto, eles são justificados, acordados e documentados como parte do "caso de negócio" completo feito para um sistema de informação.

A aquisição de um produto deve ser seguida de um teste formal e um processo de compra, com o intuito de evitar problemas em uma fase posterior. O contrato com o fornecedor deve indicar os requisitos que a segurança do produto deve satisfazer. Se a funcionalidade de segurança do produto não cumprir os requisitos, o risco resultante e as medidas de segurança afins deverão ser reconsiderados; assim como também a questão sobre comprar ou não o produto deve ser revista.

14.1.1. Serviços para comércio eletrônico

Quando uma empresa decide estabelecer uma loja *on-line*, ela passa a enfrentar riscos novos, bem diferentes dos que enfrentava quando ela usava a internet apenas para buscar informações. Serviços de comércio eletrônico e seu uso devem ser efetivamente protegidos. Considere, por exemplo, as operações de pagamento seguro (Visa, MasterCard, IDeal, PayPal), a proteção da informação contra fraude, condições transparentes nos contratos, não repúdio das compras e preços incontestáveis.

A confidencialidade e a integridade das transações de compra, das informações de pagamento incluindo detalhes do cartão de crédito, detalhes do endereço do destinatário e recibos de confirmação devem ser garantidas, e os clientes têm que se sentir confiantes de que nenhum estranho pode ter acesso a tudo isso. As informações das transações *on-line* devem ser protegidas para evitar transferências incompletas, roteamento incorreto, mudanças não autorizadas, publicações não autorizadas, cópias não autorizadas ou exibição de mensagens.

14.1.2. Informações publicamente disponíveis

A informação da empresa que é apresentada ao mundo inteiro em uma página da internet é pública, mas ainda deve ser correta e incapaz de ser manipulada. Informações erradas causarão danos à reputação da organização. Seria extremamente irritante se você verificasse o *website* de uma empresa em busca de detalhes bancários para pagar uma conta e depois descobrisse que estavam incorretos e que o dinheiro foi depositado em outro lugar.

Pode ser que as informações disponíveis em um sistema público - por exemplo, informações em um servidor *web* acessível pela internet - tenham que atender aos requisitos legais e regulatórios da jurisdição em que o sistema se encontra, em que a transação ocorreu ou onde o proprietário reside.

Também é importante que um programa de computador que tenha sido disponibilizado atenda aos requisitos de segurança e do usuário. Considere, por exemplo, os programas de pagamento de impostos das autoridades fiscais.

14.2. Segurança nos processos de desenvolvimento e suporte

Gerentes responsáveis pelas aplicações também são responsáveis pela segurança do ambiente de projeto no qual as aplicações são desenvolvidas, bem como pelo ambiente em que as aplicações são suportadas. Eles também determinam se as mudanças propostas podem comprometer a segurança. Por exemplo, eles precisam determinar se o desenvolvedor do sistema possui medidas de segurança que obedeçam aos requisitos da própria organização. A garantia sobre essas medidas de segurança pode, por exemplo, ser obtida através da auditoria do desenvolvedor do sistema por meio de terceiros.

14.3. Projeto de sistemas de informação seguros

Muitos sistemas da informação não foram projetados para serem seguros. A segurança que pode ser alcançada por meios técnicos é limitada e deve ser apoiada por gestões e procedimentos apropriados. Identificar quais controles devem ser aplicados requer um planejamento cuidadoso e atenção aos detalhes. A gestão de segurança da informação requer, no mínimo, a participação de todos os funcionários da organização. Também pode exigir envolvimento de acionistas, fornecedores, terceiros, clientes ou outras partes externas. Também pode ser necessário aconselhamento especializado de outras organizações.

A gestão da segurança da informação estabelece a base para um programa de segurança abrangente, a fim de garantir a proteção dos ativos de informação da organização. Hoje, as organizações estão altamente interligadas através da internet. Praticamente nenhuma organização pode alegar ter sistemas de computadores isolados (*stand-alone*). Às vezes, uma organização faz uma rigorosa separação entre a internet e a rede corporativa. Mesmo assim, muitas vezes uma ou mais conexões à internet são estabelecidas.

Isso se faz necessário para compreender os riscos para a empresa e como lidar com esses riscos. O gestor de riscos tem que compreender os objetivos do negócio e deve saber como mitigar tais riscos, de forma que a empresa consiga implementar contramedidas de segurança sem que isso seja um fardo para ela.

A segurança da informação engloba os controles administrativos, técnicos e físicos necessários para proteger a confidencialidade, integridade e disponibilidade dos ativos de informação. Os controles se manifestam através da implementação de políticas, procedimentos, padrões e diretrizes.

14.4. Teste e aceitação de sistemas

A fim de garantir que as mudanças não sejam implementadas de forma descontrolada, também é recomendado estabelecer vários ambientes (físicos) para desenvolvimento, teste, aceitação e produção dos sistemas de informação. Deve haver procedimentos para a movimentação do software de um ambiente para o outro. A opção de manter ambientes separados não é sempre possível para todas as organizações. De fato, em organizações menores, os diferentes ambientes são frequentemente combinados. Por exemplo, isso pode implicar em combinar desenvolvimento, teste e aceitação juntos, com a produção sendo mantida separada.

Para a fase de desenvolvimento, aplicam-se requisitos de segurança específicos. No ambiente de desenvolvimento, desenvolvedores podem criar novos softwares ou trabalhar em mudanças nos softwares existentes. É muito importante criar versões.

O ambiente de teste se destina a determinar se o desenvolvimento atende aos requisitos gerais e, mais especificamente, aos requisitos de segurança. É no ambiente de aceitação que usuários finais podem verificar se o produto atende às suas especificações. Após a aceitação, um sistema pode então ser colocado em produção seguindo os procedimentos estabelecidos. Durante a transição do software existente para o novo software, sempre deve haver um plano de restauração, para que, em caso de um problema grave, seja possível reverter para a versão antiga. O ambiente de produção é destinado a ser usado para o software de produção, e esse é o ambiente em que os usuários finais normalmente trabalham.

Caso Springbooks

Um cliente da Springbooks descobriu que qualquer pessoa que soubesse seu número de associado e seu sobrenome poderia ser capaz de obter acesso aos seus dados pessoais. Basicamente, era possível registrar uma nova conta no site da Springbooks sem que fosse verificado se a conta já existia. Qualquer pessoa com má intenção seria capaz, então, de inserir um novo nome de usuário, uma nova senha e um novo endereço de e-mail. Um link, por sua vez, seria enviado para esse novo endereço de e-mail, permitindo que o cliente falso clicasse nele e, desse modo, ativasse uma nova conta. A conta antiga ainda permaneceria ativa, mas, através desses métodos, outros poderiam obter acesso aos dados do cliente. Eles seriam capazes de ver o endereço da pessoa, o número de telefone e quaisquer pedidos feitos para entrega, encomenda, cartão Visa da Springbooks, nova assinatura ou notificação de mudança de endereço.

Um consultor sênior de segurança na área de gestão de acesso e identificação disse: "o erro foi elementar e poderia ser facilmente erradicado utilizando Tmap® (um método para testes padronizados). O fato de isso não ter sido feito aponta para um processo descuidado. As chances de este ser o único erro são, portanto, pequenas. Escrever um software já não é um processo simples, e escrever um software correto e seguro é muito complexo. Além disso, em muitos projetos não é dada atenção suficiente à segurança. Em alguns casos, as pessoas pensam que podem simplesmente adicionar isso depois. Isso fundamentalmente não funciona. Se você quiser proteger corretamente os dados, então você deve dar atenção necessária a isso a partir do momento em que as especificações funcionais são estabelecidas. Segurança nunca deve ser abordada como se fosse um projeto. É uma qualidade de um sistema. Você não deve apenas testar se um aplicativo faz o que deve fazer, mas também se ele não faz o que não deve fazer".

14.5. Proteção dos dados de teste

É importante que equipamentos e dados de teste do programa sejam cuidadosamente escolhidos, protegidos e gerenciados.

Dados reais, que podem conter informações sensíveis, como detalhes pessoais, não devem ser usados para teste. Sistemas de teste devem utilizar apenas dados fictícios. Há inúmeros exemplos na vida real nos quais o uso de dados reais para testar um sistema levou a situações indesejadas. O uso de dados reais para treinamento e teste de um novo sistema para uma organização governamental resultou, equivocadamente, em pessoas recebendo uma carta declarando que elas estavam falecidas. Os dados de teste se misturaram com os dados da vida real no sistema de produção, levando a um grande embaraço para o órgão do governo local.

Em outro exemplo, dados reais foram fornecidos para teste ao responsável por testar um sistema. Protocolos e medidas de segurança utilizados pelo responsável pelo teste do sistema eram menos rigorosos do que os do ambiente real. Ele armazenou os dados em seu *laptop*, que foi posteriormente perdido devido a um roubo. Ironicamente, os dados da vida real não eram estritamente necessários para concluir tais testes, mas eram mais convenientes, uma vez que nenhum conjunto extra de dados precisava ser gerado.

15. Relação com Fornecedores

15.1. Segurança da informação na relação com fornecedores

Nem todas as atividades que são importantes para uma organização são conduzidas pela própria organização.

Tão logo algo seja executado por um terceiro, é importante documentar os requisitos a que a parte tem de atender. Por exemplo, você não pediria a um vizinho de porta para preencher suas declarações de imposto de renda; você certamente chamaria os serviços de um contador. Você assumiria que o contador trataria suas informações de forma confidencial; isso é exigido de um contador certificado através de um código de conduta.

Quando uma empresa decide terceirizar parte ou a totalidade de sua TI, um contrato efetivo, em que todos os aspectos de segurança recebem a atenção necessária, tem que ser assinado com a parte que fornece o serviço.

No noticiário:

Um terço dos profissionais de TI faz uso indevido da senha de administrador a fim de encontrar informações confidenciais. Um estudo conduzido entre 300 profissionais de TI revelou que 33% navegam secretamente nos dados dos outros, enquanto 47% já olharam, por vezes, informações que não são relevantes para eles. "A única coisa de que você precisa é a senha correta ou contas com privilégios suficientes, para que você possa descobrir tudo o que está acontecendo em uma empresa", diz Mark Fullbrook, da Cyber-Ark.

Senhas de administradores são trocadas com menos frequência do que senhas de usuários. 30% são trocadas a cada três meses, enquanto 9% não são alteradas. Dessa forma, é possível que funcionários que tenham deixado a organização continuem a ter acesso a informações confidenciais. Além disso, metade dos gerenciadores de sistemas não requer nenhuma autorização para acessar contas que possuem certos direitos.

A política de segurança da Springbooks possui um conjunto especial de regulamentos para contas de usuários privilegiados.

É necessário definir os diferentes tipos de fornecedores a que a organização irá permitir ter acesso a suas informações. Serviços são, por exemplo, serviços de TI, utilidades logísticas, serviços financeiros e aqueles envolvidos na implementação e na manutenção dos componentes da infraestrutura de TI.

Já que a organização não pode transferir suas responsabilidades para um provedor de serviços, ela será sempre responsável por controles de acurácia e perfeição que garantam a integridade da informação ou o processamento da informação executado por ambas as partes. Também será responsável por lidar com quaisquer incidentes e contingências associados ao acesso do fornecedor, incluindo as responsabilidades tanto da organização como dos fornecedores.

A informação pode ser posta em risco por fornecedores com uma gestão inadequada de segurança da informação. Controles devem ser identificados e aplicados a fim de administrar o acesso de fornecedores às instalações de processamento de informação. Todos os requisitos relevantes de segurança da informação devem ser estabelecidos e acordados com cada fornecedor que possa acessar, processar, armazenar, comunicar ou prover componentes de infraestrutura de TI para as informações da organização.

É prática comum providenciar um Acordo de Nível de Serviço, ou *Service Level Agreement* (SLA), em que as duas partes descrevem os serviços que esperam que sejam realizados e sobre quais circunstâncias. Auditorias são efetuadas regularmente para verificar se esses acordos estão sendo observados. Deve fazer parte do SLA uma seção de segurança em que são detalhados os requisitos legais e regulatórios, incluindo proteção de dados, direitos de propriedade intelectual e direitos autorais, juntamente com uma descrição de como será assegurado que esses requisitos serão atendidos. Se forem usados dados sigilosos, devem ser descritos os requisitos para a seleção de pessoal do fornecedor, incluindo as responsabilidades da condução da seleção e os procedimentos de notificação.

Alguns dos requisitos mais importantes na cláusula de segurança do SLA, no entanto, são: a obrigação do fornecedor apresentar periodicamente um relatório independente sobre a eficácia dos controles de segurança; um acordo sobre a correção oportuna de questões relevantes levantadas no relatório; e, por último, mas não menos importante, as obrigações do fornecedor de cumprir os requisitos de segurança da organização.

15.1.1. Cadeia de suprimento de tecnologia da informação e das comunicações

A Seção 15.1.3 da ISO 27002:2013 descreve as responsabilidades dos fornecedores em relação aos riscos de segurança da informação, associados aos serviços de tecnologia da informação e das comunicações e à cadeia de suprimento do produto. É abordada uma lista de tópicos para mitigar os riscos de segurança. São exemplos: a definição dos requisitos de segurança da informação que se aplicam à aquisição de produtos ou serviços de tecnologia da informação e de comunicações; além dos requisitos gerais de segurança da informação para os relacionamentos com fornecedores.

A Seção 15.1.3-d estabelece que a cadeia de suprimentos deve ser protegida através da implementação de um processo para identificar componentes de produtos, ou serviços, que são críticos para manter a funcionalidade. Eles, portanto, requerem maior atenção e escrutínio quando construídos fora da organização, especialmente se o fornecedor de primeira linha terceiriza aspectos de componentes do produto, ou serviço, a outros fornecedores.

O fornecedor deve implementar um processo específico para gerenciar o ciclo de vida e a disponibilidade dos componentes de tecnologia da informação e das comunicações, juntamente com os riscos de segurança associados. Essas práticas específicas - de gestão de riscos da cadeia de suprimentos de tecnologia da informação e das comunicações - são construídas em cima das práticas gerais de segurança da informação, qualidade, gerência de projetos e engenharia de sistemas, mas não as substituem.

15.2. Gestão da prestação de serviços de fornecedores

O objetivo desta seção é ilustrar a importância de manter o nível acordado de segurança da informação e prestação de serviços conforme os acordos feitos com os fornecedores.

Na ISO 27002:2005, isso era chamado de "Desenvolvimento de programas de terceirização". Entretanto, na ISO 27001:2013 isso foi modificado para "gestão da prestação de serviços de fornecedores". Quando o desenvolvimento de programas de computador é terceirizado, é importante que esse desenvolvimento seja supervisionado e controlado pela organização contratante. Quem se torna o proprietário do código-fonte? Se possível, o cliente deve ter os direitos de propriedade intelectual.

A qualidade e a precisão do trabalho realizado podem ser determinadas ao longo da execução.

Ao monitorar, revisar e auditar regularmente a prestação de serviços dos fornecedores, a organização deve assegurar que os termos e as condições sobre segurança da informação dos contratos estão sendo atendidos, e que os incidentes e problemas de segurança da informação estão sendo gerenciados adequadamente.

Outra forma de assegurar o serviço dos fornecedores é através da certificação por um organismo independente. O organismo independente pode utilizar a ISO 27001, por exemplo, para certificar o sistema de gestão de segurança da informação dos fornecedores e a ISO 9001 para certificar o seu sistema de gestão da qualidade.

As alterações nos serviços de fornecedores devem ser geridas levando em conta a criticidade da informação, dos sistemas e dos processos envolvidos da empresa, e levando em conta uma reavaliação dos riscos. Mudanças podem influenciar os acordos. Quando uma organização muda os serviços oferecidos, alterando ou atualizando produtos (aplicativos, sistemas, etc.), ou desenvolvendo novos sistemas, isso leva a SLAs novos ou atualizados. Por outro lado, quando o fornecedor muda os serviços, melhora ou usa novas/outras tecnologias, ferramentas e ambientes, ou quando um fornecedor utiliza subcontratados que não eram conhecidos no momento em que o SLA foi celebrado, então os riscos devem ser investigados e os SLAs devem ser atualizados para refletir a nova situação.

Se a organização concordar com o uso de subcontratados (desconhecidos), o SLA deve, pelo menos, incorporar uma seção que declare que o fornecedor é responsável pelo cumprimento da política de segurança da organização por parte dos subcontratados.

16. Gestão de Incidentes de Segurança da Informação

16.1. Gestão de incidentes de segurança da informação e de melhorias

Os funcionários da empresa podem desempenhar um papel importante na detecção de deficiências na segurança e na percepção de incidentes de segurança. Eles são, afinal, os primeiros a ver incidentes como:

- Alguém deixou um documento confidencial na impressora.
- Um arquivo com informações pessoais desapareceu.
- Há um cheiro incomum na sala onde o triturador de papel é mantido.
- Uma porta que deveria estar fechada foi deixada aberta.
- Um colega está se comportando de forma errática.
- A tela do computador está apresentando mensagens estranhas.

Membros da empresa devem ser capazes de denunciar incidentes e essas denúncias precisam resultar em ações. Normalmente os funcionários da empresa reportam tais incidentes a uma central de atendimento. O funcionário da central de atendimento identifica se este é, de fato, um incidente de segurança da informação e então realiza o procedimento pertinente para a solução do incidente e o reporta em seguida. Se o funcionário da central de atendimento não for pessoalmente capaz de lidar com o incidente (devido a conhecimento técnico insuficiente ou falta de autoridade), o incidente pode ser reportado a alguém com mais conhecimento, que possa ser capaz de solucionar o problema. Isso é chamado de escalamento funcional (horizontal). Um incidente também pode ser reportado a alguém que tenha mais autoridade e que possa tomar uma decisão. Isso é chamado de escalamento hierárquico. Um exemplo de escalamento hierárquico (vertical) é notificar o gerente de alguém sobre o comportamento suspeito de um colega.

O propósito desse processo de gerenciamento de incidentes é ganhar conhecimento sobre os incidentes e aprender lições com eles para o futuro. Tais notificações também podem iniciar outro processo de segurança da informação, tal como a recuperação de um arquivo, uma investigação de segurança ou mesmo se mover para um estado de prontidão.

16.2. Reportando incidentes de segurança da informação

Há vários tipos de incidentes e eles ocorrem em diversos graus. O padrão ISO/IEC 20000 descreve como incidentes podem ser geridos no processo de gerenciamento de incidentes. Mas nem todo incidente é um incidente de segurança. Então, deve ser feita uma avaliação do incidente para determinar se realmente há um incidente de segurança.

Caso Springbooks

A central de atendimento de TI da Springbooks é abordada com a seguinte questão: "você pode me dizer, no Word, como eu posso ter de volta a função negrito na barra de ferramentas no alto da minha tela?". Essa questão é gravada como um incidente no sistema da central de atendimento, embora nós não possamos chamá-lo de um incidente de segurança. A menos que haja um "vírus de remoção do botão de negrito", do qual até hoje ninguém ouviu falar.

O propósito de um processo de gerenciamento de incidentes é garantir que os incidentes e as deficiências relacionadas aos sistemas de informação sejam conhecidos, de forma que as medidas apropriadas possam ser tomadas em tempo hábil.

Funcionários, pessoal temporário e usuários externos devem estar todos cientes dos procedimentos para reportar os vários tipos de incidentes e deficiências que possam influenciar a confiabilidade da informação e a segurança dos ativos da empresa.

Deve ser requerido aos funcionários e usuários que reportem o mais rápido possível todos os incidentes e deficiências à central de atendimento ou a uma pessoa de contato. Naturalmente, é do interesse de todos que a organização responda rapidamente.

Duas questões são de grande importância e têm de ser clareadas pela administração:

1. Informar incidentes de segurança é, principalmente, uma forma de aprender com eles, a fim de evitar que incidentes semelhantes ocorram novamente.
2. Denunciar um incidente não tem por objetivo ser uma forma de punir o autor do incidente.

Entretanto, isso não quer dizer que não possa acontecer; se um empregado sabotar intencionalmente um sistema de informação, vazar uma informação ou causar dano, ele(a) deve ser denunciado(a) às autoridades oficiais, ou seja, a polícia. É importante não ter medo de relatar um incidente por temor da resposta da gerência, ou por não querer ser visto como um delator. O processo também deve garantir que a pessoa que relata um incidente de segurança da informação seja informada dos resultados depois deste ter sido tratado.

Relatos de incidentes também são úteis quando se realiza uma análise de riscos (modificada). Pode ser que as medidas adotadas até então não sejam suficientes para prevenir certos incidentes. Um formulário padrão para reportar tais incidentes na *intranet* pode ajudar a reduzir qualquer medo e resistência associados à elaboração desses relatos. O formulário pode ser usado não só para dar instruções sobre qualquer resposta imediata ao incidente que se faça necessária, mas também para obter vários detalhes relacionados ao incidente.

Um formulário para relato de incidentes deve, no mínimo, permitir que as seguintes informações sejam inseridas:

- Data e hora.
- Nome da pessoa que faz o relato.
- Localização (onde é o incidente?).
- Qual é o problema? (descrição do incidente: vírus, furto, invasão, perda de dados, etc.).
- Qual é o efeito do incidente?

- Como foi descoberto?

E, se possível, as seguintes áreas também devem ser abordadas:

- Tipo do sistema (*desktop*, impressora, servidor, servidor de e-mails, etc.).
- Nome e número do sistema (se presente).
- Quem mais foi informado?

Muitas outras questões são possíveis, dependendo do tipo de relatório. É importante que informações suficientes sejam coletadas de forma que o incidente possa ser remediado corretamente.

Exemplos de incidentes incluem:

- Nenhuma manutenção é feita no equipamento.
- A fonte de alimentação de emergência não tem sido testada.
- Um colega perdeu um *laptop*.
- Um colega não adere à política de mesa limpa.
- Um colega traz com ele um visitante não autorizado.
- Novo software é lançado antes de ser completamente testado.
- Um vírus conseguiu entrar no sistema de informação.
- Devido a dados incompletos da empresa, os resultados dos lucros não são confiáveis.
- Os direitos de acesso de um funcionário não são modificados após uma mudança de função.
- Um colega escreve sua senha no papel de anotações que está pousado sobre o PC.

Instruções sobre o que fazer no caso de um incidente normalmente não são formalizadas nos procedimentos publicados. Um procedimento, afinal, descreve quem faz o quê. Tal procedimento deve incluir:

- A análise do incidente, estabelecendo a causa.
- Quais passos devem ser tomados para minimizar as consequências do incidente.
- Quais passos devem ser tomados a fim de determinar se são necessárias medidas corretivas para prevenir que o incidente ocorra novamente e, se houver, quais são.

- Quais partes devem ser informadas no caso de um incidente - devem ser aquelas que são afetadas ou as que ajudam a resolver o incidente.
- O que é reportado sobre o incidente e a quem.
- Procedimento de escalamento no caso de a situação ficar pior ou não ser resolvida em tempo hábil.

16.3. Relatando as fraquezas na segurança

Quando funcionários, pessoal temporário e usuários externos dos sistemas e serviços de informação notam que existem fraquezas (suspeitas) nos sistemas ou serviços, é importante que eles reportem tais fraquezas o mais rápido possível. Só assim os incidentes podem ser evitados.

Quando um incidente de segurança da informação é descoberto, muitas vezes não é imediatamente claro se o incidente levará a uma ação legal. Existe ainda o perigo de evidências críticas serem destruídas, intencionalmente ou não, antes de a gravidade da situação ser percebida. Por isso, é importante primeiro relatar o incidente e depois pedir conselhos sobre as medidas a serem tomadas. É possível que um advogado ou a polícia precisem ser envolvidos no estágio inicial e que provas tenham que ser recolhidas.

Na prática:

Se alguém suspeitar que material abusivo esteja sendo armazenado no computador de um colega, o relato do incidente deve ser feito com cuidado para garantir que nenhuma evidência seja removida por esse colega. Ao iniciar uma investigação deve-se observar a devida diligência e o devido cuidado, observando não só o impacto do incidente, mas também os requisitos legais e regulatórios.

16.4. Registro de interrupções

Para ser capaz de analisar uma interrupção, é importante que as informações relevantes sejam coletadas. Essa informação é frequentemente armazenada em arquivos de *log*. Essa é a versão moderna dos tradicionais livros de registro que ainda podem ser usados hoje. Imagine que acontece uma falha de energia e que não há outra maneira de registrar eventos e ações realizadas a não ser no papel.

Em grandes organizações, interrupções são reportadas para a central de atendimento (*helpdesk*). Se eles forem capazes, eles resolverão a interrupção imediatamente. Se isso não for possível, eles passarão as informações relevantes para um departamento que possa resolver a interrupção.

16.5. Incidentes de segurança da informação

O ciclo de um incidente possui os seguintes estágios: ameaça, incidente, dano e recuperação.

Medidas de segurança visam um certo momento no ciclo de incidentes. As medidas objetivam prevenir incidentes (preventivas) ou reduzir as ameaças (redutivas), detectar incidentes (detectivas), responder a incidentes, parar ameaças (repressivas) e corrigir danos (corretivas).

As medidas são tomadas a fim de garantir a disponibilidade, a integridade e a confidencialidade da informação da empresa. Após a ocorrência de um incidente, é necessário recolher provas seguindo procedimentos internos, para poder investigar o incidente de segurança da informação. Certifique-se de que todas as etapas são registradas para ajudar na análise do próprio incidente e para se aprender com a resposta ao incidente de segurança da informação.

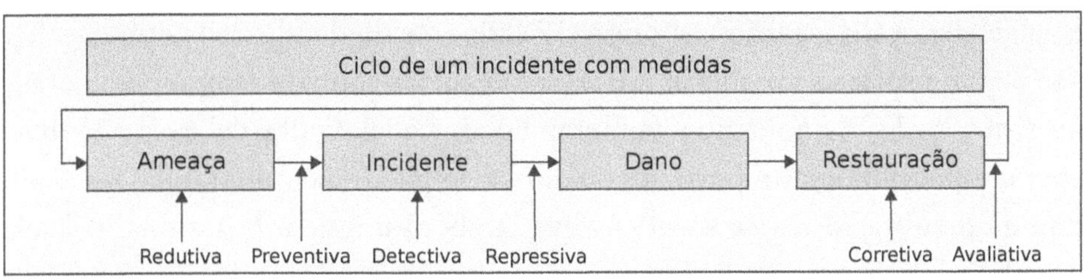

Figura 16.1. Ciclo de um incidente.

16.6. Vazamentos de informações

É possível que informações vazem por meio de canais de comunicação escondidos. Entretanto, seria incomum para o funcionário médio estar ciente da presença de tal canal de comunicação. Canais de comunicação secretos não se destinam ao processamento de informações, mas podem, contudo, existir em um sistema ou uma rede. É difícil, se não impossível, impedir todos os possíveis canais secretos de comunicação.

O uso de tais canais é uma característica comum dos *trojans* (veja na seção 12.5.3). É possível que o fornecedor de um programa feito sob encomenda deixe um método de acesso secreto para realizar a manutenção da aplicação, sem informar o comprador. Isso é referido como porta de manutenção, ou porta dos fundos (*backdoor*), e é uma prática que normalmente não é apreciada pelos clientes! Se a aplicação encomendada for utilizada para processar informações altamente confidenciais, então um órgão independente pode ser contratado para inspecionar o código-fonte da aplicação em busca desses canais de comunicação secretos.

Um exemplo de vazamento de informações é a aplicação de esteganografia. Essa tecnologia torna possível ocultar mensagens de texto em imagens comuns, como uma fotografia. Para um usuário é impossível ver a mensagem escondida olhando para a imagem. É necessário um programa para obter as informações de texto armazenadas na imagem.

16.7. Divulgação responsável

Vulnerabilidades de um sistema de informação são tipicamente encontradas por várias partes, como *hackers* éticos ou profissionais de TI que investigam software e hardware, embora às vezes elas sejam também encontradas por pura coincidência. A divulgação responsável é diferente da divulgação completa. Trata-se de um processo no qual as partes interessadas ganham tempo para corrigir seus sistemas de TI enquanto a vulnerabilidade não é divulgada. Essa não divulgação é especialmente importante quando o impacto da vulnerabilidade é alto. Parte da divulgação responsável envolve também um acordo no qual o *hacker* ético obtém seu momento de fama ao ir a público com a vulnerabilidade.

17. Aspectos da Segurança da Informação na Gestão de Continuidade dos Negócios

17.1. Continuidade da segurança da informação

Não se pode estar preparado para tudo. Inundações como as do outono de 2013 na Inglaterra e as inundações do outono de 2007 em Bangladesh causaram grandes perdas para as economias dos dois países. Houve o enorme dano causado pelo furacão Katrina em Nova Orleans. Ataques terroristas em Nova York, Londres e Madri, bem como simples falhas de energia que duram várias horas, podem ter consequências consideráveis para a disponibilidade de pessoas e sistemas em uma empresa.

A cada ano, empresas ao redor do mundo são atingidas por desastres que têm grande impacto na disponibilidade de seus sistemas. Apenas uma pequena parcela dessas empresas está adequadamente preparada para essas eventualidades. A maioria das empresas afetadas por tais enormes desastres provavelmente não sobrevive a eles. As empresas que sobrevivem a esse tipo de desastre tipicamente pensam com cuidado na possibilidade de tais desastres e, de forma antecipada, nos prováveis resultados e documentam e seguem medidas e procedimentos necessários para se proteger. No entanto, se não existirem planos, não significa que a empresa não poderá sobreviver. Isso depende do negócio e de outros fatores.

Uma organização depende de ativos, pessoal e tarefas que têm que ser conduzidas diariamente, a fim de se manter saudável e lucrativa. A maioria das organizações possui uma complexa rede de fornecedores e ativos que dependem uns dos outros para poder funcionar.

Existem canais de comunicação, tais como telefones e conexões de rede, e há edificações em que o trabalho é conduzido. As edificações devem estar em condições ótimas a fim de garantir que o trabalho não seja apenas prazeroso, mas também realizado de forma eficiente.

Se um elo na cadeia de dependências falhar, pode haver problemas. Quanto mais elos falharem, maior será o problema. E quanto mais tempo certos componentes da cadeia ficarem fora de ação, maior será o efeito disso na organização, e mais tempo levará para as operações normais reiniciarem.

Pensar de forma antecipada sobre a continuidade dos processos do trabalho é essencial para uma organização.

Não importa se é um processo de produção complexo ou uma atividade relativamente simples, tal como o processamento de moradores que se mudaram para uma nova casa. Tanto para os funcionários quanto para os clientes, é importante que cada componente - grande ou pequeno - do processo trabalhe suavemente e continue a agir assim no caso de dificuldades.

O propósito da gestão de continuidade dos negócios (*Business Continuity Management* - BCM) é prevenir que as atividades da empresa sejam interrompidas, proteger processos críticos das consequências de grandes perturbações nos sistemas de informação e permitir uma rápida recuperação.

Na gestão da continuidade dos processos da empresa, devem ser identificados os processos da empresa que são críticos para a operação da organização. Além de outras medidas que garantam a continuidade, deve-se evitar a perda de informações que possa ocorrer como resultado de desastre natural, ataque, incêndio ou falha de energia. As consequências dos desastres e dos incidentes de segurança e as falhas dos serviços são avaliadas em uma Análise de Impacto no Negócio, ou *Business Impact Analysis* (BIA). O plano de continuidade descreve como a informação requerida por processos críticos de negócio pode ser rapidamente disponibilizada.

Na segurança da informação, a gestão da continuidade é normalmente dividida em dois componentes separados, mas intimamente relacionados:

- Planejamento de Continuidade do Negócio, ou *Business Continuity Planning* (BCP), onde a continuidade do processo do negócio é garantida.
- Planejamento de Recuperação de Desastres, ou *Disaster Recovery Planning* (DRP), onde é organizada a recuperação após um desastre.

A gestão de continuidade dos negócios é descrita na ISO 27031:2012. Embora a ISO/IEC 27002:2013 inclua algumas medidas de BCM, elas visam principalmente a informação, enquanto a ISO 27031 deve ser aplicada integralmente em toda a organização.

17.1.1. Continuidade

A continuidade diz respeito à disponibilidade dos sistemas de informação no momento em que eles são necessários. Diversos requisitos podem ser impostos a essa disponibilidade. Você tem uma central telefônica onde cinquenta funcionários estão no telefone 24 horas por dia? Você, sem dúvida, teria diferentes requisitos de disponibilidade em comparação a uma empresa com apenas uma pessoa ao telefone, a qual recebe ligações apenas uma vez a cada hora.

Para uma Câmara Municipal, a disponibilidade do banco de dados do município é de grande importância. Se ele não estiver disponível, um grande número de funcionários não será capaz de realizar seu trabalho. No entanto, se esse sistema não estivesse à disposição do conselho durante a noite, isso representaria pouco ou nenhum problema.

Podemos ver aqui que, dependendo da organização, do campo do trabalho e até mesmo da divisão dentro de uma organização, os requisitos de disponibilidade podem diferir dramaticamente.

17.1.2. O que são desastres?

Nós agora olharemos mais de perto o que queremos dizer com desastres. À primeira vista, um desastre parece bastante ameaçador. Mas isso está longe de ser verdade. Neste contexto, o fracasso de um simples sistema já poderia ser considerado um desastre. Um desastre não precisa ser necessariamente uma inundação ou um ataque terrorista. A falha do sistema de que você tanto depende para o seu trabalho diário, por meio de um problema técnico, também é um desastre.

Na prática:

Uma simples placa de rede no servidor de e-mails que se torne defeituosa pode ser um total desastre. Ultimamente, se privada de seus e-mails, uma equipe não seria capaz de realizar adequadamente seu trabalho.

17.1.3. Como a sua empresa responde a um desastre?

As consequências que um desastre pode ter em um negócio dependem da natureza do desastre. Se o trabalho tiver sido interrompido devido a uma falha de um sistema ou de toda a rede em que a TI do escritório opera, então um telefonema para a central de serviços ou central de atendimento normalmente é suficiente para ter as atividades necessárias restauradas e funcionando. De forma similar, se a saúde de um funcionário estiver em perigo, então uma chamada telefônica para o serviço de emergência interno ou um número de emergência nacional seria a ação correta.

Em todos os casos, a vida humana tem prioridade sobre softwares e equipamentos. Atividades de evacuação devem ser postas em ação primeiro, e apenas depois deve ser dada atenção aos processos de negócio, começando pelo mais crucial.

É importante, portanto, que existam procedimentos claros e eficazes definindo quais ações devem ser tomadas. Por exemplo:

- Você saber que, no caso de uma falha no sistema de informação, deve contatar a central de atendimento.
- Você saber onde estão as saídas de emergência em um prédio.
- Você saber a quem ligar no caso de um incêndio, do acionamento espontâneo do sistema de *sprinklers*[11] ou de um alerta de bomba.

A central de atendimento ou o funcionário do serviço de emergência interno deve saber o que fazer em cada tipo de alerta. Os funcionários da central de atendimento terão uma lista de prioridades que documente quem e o que deve ser ajudado e quando, bem como quais organizações eles devem contatar em cada diferente alerta.

---

[11] Nota do tradutor: *sprinkler* é um componente do sistema de combate a incêndio que descarrega água quando um incêndio é detectado. Seu acionamento pode ocorrer, por exemplo, quando uma temperatura predeterminada é excedida.

A formação do pessoal do serviço de emergência interno é muito importante. Trabalhadores do serviço de emergência interno são funcionários normais que decidiram assumir essas funções adicionais. Certifique-se de que haja pessoal do serviço de emergência interno por toda a organização.

Um alerta de bomba é obviamente um risco muito sério para uma organização. Isso não é uma ocorrência normal na maioria dos países, mas se ocorrer é um desastre e pessoas podem ser mortas. É bom ver que as pessoas se tornaram mais conscientes sobre pacotes suspeitos. Portanto, é fortemente aconselhável ter procedimentos em vigor para essa ameaça. Um procedimento para alerta de bomba deve claramente descrever o que fazer no caso de alguém levantar um alarme.

Itens suspeitos podem entrar em qualquer empresa. O *staff* deve saber o que não é normal e ser capaz de identificar itens suspeitos. Deve-se prestar atenção a isso durante a campanha de conscientização sobre segurança.

17.2. Plano de recuperação de desastres (*Disaster Recovery Planning* - DRP)

Qual a diferença entre o Plano de Continuidade do Negócio (*Business Continuity Planning* - BCP) e o Plano de Recuperação de Desastres (*Disaster Recovery Planning* - DRP)? O propósito do DRP é minimizar as consequências de um desastre e tomar as medidas necessárias para garantir que funcionários, ativos e processos do negócio estejam disponíveis novamente dentro de um tempo aceitável. Isso é diferente do BCP, onde métodos e procedimentos também são organizados para falhas que duram um período de tempo mais longo.

Um DRP visa uma recuperação imediata após um desastre. O DRP é posto em ação quando o desastre ainda está em curso. O trabalho é focado em determinar os danos e fazer os sistemas funcionarem novamente. Um BCP vai além e tem um foco mais amplo. O BCP planeja um local alternativo onde o trabalho pode ser realizado enquanto o local original é reconstruído. No BCP, tudo é focado em manter a empresa funcionando, mesmo que apenas parcialmente, a partir do momento em que o desastre ocorre até quando a empresa estiver totalmente recuperada.

Em outras palavras:

- **DRP:** há um desastre agora e o que devo fazer para voltar à produção.
- **BCP:** tivemos um desastre e o que devo fazer para voltar a como era antes do desastre.

Caso Springbooks

Uma funcionária da Springbooks usa uma versão de lista telefônica da intranet. Isso de repente falha, então ela informa ao helpdesk sobre o ocorrido. A funcionária, no entanto, pode continuar seu trabalho simplesmente usando a versão de lista telefônica da internet. Tal mensagem para a central de atendimento não receberá alta prioridade.

Um funcionário de TI da Springbooks está trabalhando na recuperação da lista telefônica da intranet. Chega uma mensagem sobre um importante sistema que falhou, resultando na paralisação do sistema de encomendas e faturamento.

Todos entendem que a continuidade de tal sistema receberá maior prioridade que a recuperação de um sistema para o qual há uma alternativa.

Ao desenvolver um BCP e/ou um DRP, diversas soluções podem ser consideradas para ter os processos de negócio funcionando novamente. Se for decidido que, no caso de um desastre, os processos e os sistemas de negócio devem estar disponíveis o mais rapidamente possível, a melhor opção é desenvolver planos e procedimentos para um sistema de prontidão. Tais sistemas devem ser testados regularmente.

O plano também precisa incluir como o sistema de prontidão, uma vez ativado, será desativado; deve estar claro em quais condições as operações normais podem ser retomadas. É necessário estimar o tempo máximo de inatividade e de recuperação permitidos para os sistemas e determinar quais sistemas são necessários para a organização continuar os negócios.

17.3. Testando o BCP

Essas diversas soluções, variando de baratas a caras, parecem todas eficazes. Um bom time de BCP/DRP considerará todas as eventualidades, discutirá tudo diversas vezes e eventualmente ganhará a aprovação da gerência superior. O plano é então publicado e todos os gerentes recebem uma cópia. Mas então as cópias vão para um armário ou gaveta. Afinal de contas, os desastres só acontecem com outras pessoas, não nós. Não é?

Bem, é por isso que é melhor testar esses planos regularmente e avaliá-los e modificá-los quando necessário. Organizações mudam, portanto as medidas precisam mudar com elas.

A probabilidade extremamente pequena de o plano ser necessário é a principal razão pela qual temos que estar particularmente preparados. Se o *staff* não tiver sido treinado e o desastre se tornar realidade, então é altamente improvável que um BCP funcione como pretendido. Testes regulares são necessários para tornar a equipe ciente de como agir no caso de um desastre.

Em segundo lugar, toda mudança que é feita ao processo de negócio deve ser incluída no plano. Um plano desatualizado não ajudará a organização a ficar operacional novamente.

Podemos testar o mais extensivamente possível, desde ouvir o alarme de incêndio até iniciar um *hotsite* ou restaurar um *backup*. O essencial em todos esses testes, no entanto, é que os procedimentos sejam testados em uma simulação da vida real, a fim de ver se essas medidas são corretas e eficazes.

Caso Springbooks

A Springbooks montou um hotsite a aproximadamente 20 quilômetros da filial principal. A livraria da internet é altamente dependente do centro de computadores. Uma falha desse centro operacional principal poderia resultar na perda de dezenas de milhões de euros. Os custos desse hotsite são muito menores do que os custos envolvidos se o sistema falhasse por algum tempo.

17.4. Redundâncias

17.4.1. Local redundante

Uma boa alternativa para um negócio com muitas localidades, mas apenas um único centro de computação, é um local redundante. O local redundante contém uma cópia do centro de computação. Todos os dados que entram no centro de computação principal também são inseridos no sistema do local redundante. Se um desses dois locais sofrer uma falha, o outro local assumirá automaticamente.

Quando isso é feito suavemente, o usuário não percebe nada.

17.4.2. *Hotsite* sob demanda

Outra solução é um *hotsite* móvel. Trata-se de um ou mais caminhões que contêm todo o equipamento necessário para funcionar como um centro de computação temporário. No caso de um desastre, os caminhões são conduzidos em um curto período de tempo, tipicamente de algumas horas, para uma localização predefinida e o equipamento é conectado. As possibilidades são limitadas, mas é uma forma de ter os processos mais cruciais operacionais novamente, o mais cedo possível.

17.4.3. Locais de trabalho alternativos

Um grande e bem conhecido banco holandês garantiu, através do inventivo uso de muitos locais diferentes, que o seu pessoal pudesse continuar trabalhando em caso de desastre. Certas pessoas-chave da organização foram designadas para locais de trabalho alternativos em outras filiais. Se algo acontecesse no local de trabalho permanente dessas pessoas-chave, eles(as) viajariam alguns quilômetros para o local de trabalho alternativo. O funcionário que trabalha nesse local alternativo está ciente do arranjo e abrirá espaço para essa pessoa-chave, se necessário.

17.4.4. Medidas para o *staff*

Um desastre pode resultar em problemas de *staff* se as pessoas que apoiam o processo principal também estiverem diretamente envolvidas no desastre e, como consequência, não estiverem mais disponíveis. Os planos devem incluir formas de substituir essas pessoas-chave.

No caso de um grande problema que afete a localidade, em vez de apenas a empresa, as pessoas podem ser incapacitadas de viajar, especialmente para um local remoto.

18. Conformidade

Muito foi dito nos capítulos anteriores sobre como e por que a segurança da informação é realizada. Olhamos de perto a análise de riscos e determinamos um perfil de ameaça e risco. Com base nisso, tomamos medidas físicas, técnicas e organizacionais. Algumas medidas são opcionais, enquanto outras são exigidas por lei.

A legislação abrange áreas como privacidade, impostos, finanças e regulamentos para bancos e empresas com papéis na bolsa de valores. A política da própria empresa também deve ser observada.

Em um capítulo anterior, o ciclo PDCA foi discutido. Componentes desse ciclo incluem tanto o automonitoramento quanto o monitoramento que é realizado por um auditor externo. Trata-se de componentes que envolvem revisar a observância da legislação e regulamentos internos e externos.

Este capítulo trata do cumprimento da legislação e dos regulamentos, bem como da forma como esse acompanhamento é realizado. Adicionalmente, temos uma visão geral de alguns dos padrões que são comumente utilizados no campo da segurança de TI.

18.1. O que é conformidade?

Conformidade também pode ser descrita como rastreabilidade, obrigação, flexibilidade, tolerância e obediência. Resumindo, uma organização deve observar seus próprios regulamentos internos, bem como as leis do país e os requisitos da legislação e regulamentos locais.

Às vezes isso pode causar conflitos. Organizações multinacionais, em particular, devem aderir, por um lado, às suas próprias políticas internas, enquanto asseguram operar de forma consistente, fazendo o mesmo em relação à legislação e aos regulamentos locais e internacionais.

18.1.1. Medidas de conformidade

Como resultado do que foi exposto, fica claro que produzir uma política interna dentro de uma organização é a maneira de entrar em conformidade. O primeiro passo para uma organização é produzir uma política declarando que deve cumprir a legislação nacional e local, bem como os regulamentos.

Além disso, devem ser desenvolvidos procedimentos, diretrizes e ferramentas que esclareçam e ajudem os funcionários a aplicar esses regulamentos na prática. Análises de riscos devem ser conduzidas para garantir que os riscos relevantes sejam identificados, os níveis corretos de segurança sejam estabelecidos e sejam determinadas e implementadas as medidas apropriadas para esses níveis de segurança.

Conformidade está relacionada com a área de segurança, mas é um campo especializado do conhecimento. Para alcançar a conformidade, é importante trabalhar em estreita colaboração com especialistas legais.

18.1.2. Observância das disposições legais

O principal propósito de toda empresa é atingir seus próprios objetivos de negócio. Isso significa desenvolver um determinado produto ou fornecer certos serviços. Por exemplo, a polícia e os órgãos especiais de investigação garantem a observância da legislação e de regulamentos específicos. Todas as empresas, no entanto, devem observar a legislação local, os regulamentos e as obrigações contratuais. Os requisitos de segurança que uma empresa deve cumprir estão fortemente relacionados a isso.

Embora a legislação e os regulamentos locais sejam aderentes aos acordos internacionais, isso não significa que eles sejam projetados para apoiar empresas que operem internacionalmente. Essas empresas necessitam de uma política de alto nível que, de alguma forma, seja mais geral, cujos documentos de política decorrentes devem ser adaptados à legislação em vigor no país em que estão situadas, para que façam negócios localmente. Os requisitos legais podem diferir um pouco, particularmente no campo da privacidade, e, portanto, a maneira como se lida com informações que podem envolver privacidade também deve ser diferente.

Para assegurar que os requisitos legais e regulatórios sejam observados, é sempre importante buscar aconselhamento de assessores jurídicos da organização ou de advogados qualificados. Não há uma solução única para tudo quando se trata de regulamentações. Existem, por exemplo, regulamentações que se aplicam apenas às instituições financeiras e há regulamentações de segurança para o governo.

Regulamentações governamentais são geralmente específicas de cada país e podem conter regras de segurança para informações especiais (sensíveis ou sigilosas). Informação especial é um termo utilizado para informações que precisam de proteção extra, com base na natureza sensível que decorre de seu potencial impacto ou risco para a segurança nacional. Por exemplo, a Comissão Europeia possui cinco níveis para a classificação de informações especiais. Esses níveis são EU *Top secret*, EU *Secret*, EU *Confidential*, EU *Restricted* e EU *Council/Commission*. A OTAN também possui cinco níveis, mas usa termos ligeiramente diferentes. Os cinco níveis são *Cosmic Top Secret*, *Focal Top Secret*, *NATO Secret*, *NATO Confidential* e *NATO Restricted*.

18.1.3. Direitos de propriedade intelectual (*Intellectual Property Rights* – IPR)

Quando uma empresa usa software, a utilização de material que pode estar sujeito a direitos de propriedade intelectual (IPR) deve ser abordada.

As diretrizes listadas a seguir precisam ser consideradas, a fim de proteger o material que pode ser considerado propriedade intelectual. É importante entender que o material protegido por direitos autorais também precisa ser abordado, para garantir o cumprimento da legislação sobre de direitos autorais vigente no país. Você deve:

- Publicar uma política referente à conformidade em relação aos direitos de propriedade intelectual, onde é definido o uso legal de programas de computadores e de informações.
- Manter uma política de conscientização para a proteção dos direitos de propriedade intelectual; incluir na política de IPR as medidas disciplinares

que a organização irá tomar em relação a qualquer funcionário que viole essa política.

- Reconhecer que os direitos de propriedade intelectual incluem os direitos autorais de programas de computador, documentos, direitos de design, marcas comerciais, patentes e licenças de código-fonte.
- Somente comprar programas de computador de fornecedores bem conhecidos e renomados para garantir que nenhum *copyright* seja infringido.
- Assegurar que, se for utilizado código aberto, o respectivo formulário de licença deve ser respeitado e observado.
- Manter um registro dos ativos e identificar todos os requisitos associados a esses ativos em relação à proteção dos direitos de propriedade intelectual.
- Compreender que os programas de computadores que estão sujeitos a direitos de propriedade intelectual são normalmente fornecidos com base em um contrato de licença, o qual estabelece as condições da licença.

18.1.4. Privacidade e proteção de informações de identificação pessoal

O direito à privacidade é uma área altamente desenvolvida do direito na Europa. Todos os estados-membros da União Europeia (UE) são também signatários da Convenção Europeia dos Direitos Humanos, ou *European Convention on Human Rights* (CEDH, em português). O Artigo 8 da CEDH provê o direito ao respeito à sua "vida privada e familiar, seu domicílio e suas correspondências", sujeito a certas restrições. O Tribunal Europeu dos Direitos Humanos deu a esse artigo uma interpretação muito ampla em sua jurisprudência.

Em 1981, a Convenção para a Proteção de Pessoas em relação ao processamento automático de dados pessoais foi negociada no âmbito do Conselho Europeu. Essa convenção obriga os signatários a promulgar uma legislação relativa ao tratamento automático de dados pessoais, o que muitos fizeram devidamente.

Para compreender a Diretiva, é necessário compreender como e por que as perspectivas da UE e dos EUA são diferentes em relação à proteção e à privacidade dos dados. Os EUA preferem o que é chamado de abordagem "setorial" à legislação de proteção de dados, contando com uma combinação de legislação, regulamentação e autorregulamentação, em vez de regulamentos governamentais abrangentes.

O ex-presidente dos EUA Bill Clinton e o ex-vice-presidente Al Gore recomendaram explicitamente na sua "Estrutura para o Comércio Eletrônico Global" que o setor privado deveria liderar, e as empresas deveriam implementar, autorregulamentações em resposta às questões trazidas pela tecnologia da internet. Até o momento, os EUA não possuem uma única e abrangente lei de privacidade comparável à Diretiva da UE. A legislação sobre a privacidade nos Estados Unidos tende a ser adotada "conforme a necessidade", com a legislação surgindo quando certos setores e circunstâncias exigem (por exemplo, a Lei de Proteção ao Vídeo de 1988, a Lei de Concorrência e Proteção ao Consumidor de Televisão a Cabo de 1992 e a Lei para Informação Justa de Crédito). Portanto, embora certos setores possam já satisfazer a Diretiva da UE, pelo menos em parte, a maioria não o faz.

Caso Springbooks

A livraria lida com uma variedade de informações que devem obedecer à legislação de privacidade. Exemplos de tais informações são aquelas relacionadas aos clientes e aos funcionários. Para processar esses dados a livraria está ciente de que deve obedecer a certos regulamentos, embora não tenha certeza de quais.

É importante saber quais leis e regulamentos se aplicam aos dados que são processados pelos sistemas de informação. Para isso, é importante não olhar apenas para as informações em si, mas também para os sistemas de informação que são usados para processar os dados e a infraestrutura que é usada para transportá-los.

Para a livraria, essa análise resultou na manutenção de bases de dados regionais, onde os dados dos clientes são processados – uma para os EUA e uma para os países nos quais a Diretiva de privacidade da UE é aplicável. Uma vez que pode haver ligeiras variações na implementação local dessa Diretiva para os países da UE, advogados locais são consultados para garantir a conformidade nessa área.

Conformidade não envolve apenas observar a legislação e os regulamentos prescritos pelos governos, mas a tradução destes em regras internas também desempenha um papel importante. Nos últimos anos, um padrão mundial para a segurança da informação foi desenvolvido sob a forma do Código para a Segurança da Informação, anteriormente mencionado. Trata-se da norma ISO 27002, a qual é parte da série ISO 27000. Vários organismos de normatização na União

Europeia e internacionalmente adotaram essa norma ISO. Assim, um padrão de longo alcance em medidas de segurança foi criado para governos e empresas.

18.1.5. Protegendo dados e a confidencialidade de informações pessoais

A proteção dos dados e da privacidade recai sob a legislação e as diretrizes de proteção de dados pessoais. Além disso, cláusulas contratuais com um cliente podem desempenhar esse papel. Toda organização deve ter uma política de proteção de dados pessoais e essa política deve ser conhecida de todos os que processam esses dados.

A observação dessa política e de toda a legislação e os regulamentos relevantes para a proteção de dados pode, muitas vezes, ser mais bem alcançada se for designada uma pessoa especificamente responsável pela proteção dos dados e que dê suporte a gerentes, usuários e provedores de serviço na execução de suas funções nessa área.

Naturalmente, também devem existir medidas técnicas e organizacionais para proteger dados pessoais. Um ponto importante é que o cidadão tem o direito de inspecionar seus dados registrados; então, as organizações devem ter uma política e procedimentos em vigor para isso.

18.1.6. Proteção de registros

As ferramentas utilizadas para auditoria de sistemas - por exemplo, programas de computador ou banco de dados - devem ser mantidas separadas dos sistemas de desenvolvimento e dos sistemas de produção e não devem ser armazenadas em bibliotecas de fitas ou salas de usuários, a não ser que tenham sido tomadas medidas de proteção adicionais de nível adequado.

Se terceiros são envolvidos em uma auditoria, existe o risco de as ferramentas de auditoria e as informações a que este terceiro tem acesso serem mal utilizadas. Medidas como limitar o acesso a apenas os sistemas de que o auditor necessita para sua investigação, um acordo de não divulgação e limitar o acesso físico podem ser consideradas para ajudar a mitigar esse risco. Uma vez concluída a auditoria, a organização deve alterar imediatamente as senhas que foram dadas aos auditores.

Finalmente, depois de tudo o que foi discutido, uma regra imutável sempre se aplicará: não importa o quão bem uma organização planejou a sua segurança, a segurança é tão forte quanto o elo mais fraco.

18.2. Revisões de segurança da informação

Revisões são úteis como um meio de avaliar periodicamente medidas, processos e procedimentos de segurança. Dependendo do escopo de uma revisão, ela pode ser usada para diferentes propósitos. As revisões podem ser aplicadas para testar se as medidas de segurança estão em conformidade com requisitos definidos, tais como normas da empresa, leis e regulamentos. São aplicadas para avaliar se as medidas de segurança estão alinhadas com os requisitos de segurança específicos identificados para um sistema de informação, e se essas medidas foram implementadas e são mantidas de forma eficaz. Finalmente, as revisões também ajudam a verificar se essas medidas estão funcionando conforme especificado e esperado.

A fim de garantir que a importância das revisões seja abordada de forma suficiente, elas devem fazer parte de um programa de revisão. Os elementos de um programa de revisão incluem, dentre outras coisas, o escopo, o critério, a frequência e as metodologias de revisão. O plano deve indicar quais áreas precisam ser revisadas juntamente com os resultados de revisões anteriores.

É importante prestar especial atenção à seleção dos auditores, uma vez que eles precisam ser objetivos para garantir a imparcialidade do processo de revisão. Uma regra de ouro é que um auditor nunca deve revisar seu próprio trabalho. É necessário um procedimento documentado que descreva as responsabilidades dentro de um escopo para definir o planejamento, e a condução, das revisões. O gerente responsável deve garantir que quaisquer não conformidades identificadas sejam tratadas e suas causas investigadas.

Além disso, deve garantir que todas as ações necessárias sejam tomadas e verificar os resultados dessas ações.

Finalmente, o auditor interno e/ou externo deve verificar se a organização cumpre os regulamentos. O auditor faz isso examinando se uma medida específica está em vigor. Está incluída na política? É observada na prática? A medida funciona como deveria?

18.2.1. Conformidade com políticas e padrões de segurança

Existem muitas organizações e padrões sobre segurança da informação. Padrões importantes são desenvolvidos pela ISO, NIST e ANSI. Na Europa, a ISO é a mais utilizada. Nos EUA, os padrões NIST e ANSI são mais comuns. A maioria dos padrões cobre os mesmos objetivos de segurança. Cada padrão dá uma atenção extra a um elemento particular dentro da disciplina, o que o diferencia dos outros padrões.

ISO

A ISO, fundada em 1947, á uma federação mundial de organismos nacionais de normatização de cerca de 100 países, com um organismo de normatização representando cada país membro. O *American National Standards Institute* (ANSI), por exemplo, representa os EUA. As organizações-membro colaboram com o desenvolvimento e a promoção de padrões internacionais. Dentre os padrões que a ISO promove está a Interconexão de Sistemas Abertos, ou *Open Systems Interconnection* (OSI), um modelo de referência universal para protocolos de comunicação.

NIST

O NIST (*National Institute of Standards and Technology*) é uma unidade do Departamento de Comércio dos EUA. A série NIST 800 é um conjunto de documentos que descreve políticas, procedimentos e diretrizes para a segurança de computadores do governo federal dos EUA. Os documentos estão disponíveis de graça e podem ser úteis para instituições de negócio e de educação, bem como para agências do governo.

As publicações da série NIST 800 evoluíram como resultado de uma pesquisa exaustiva sobre métodos viáveis e econômicos para otimizar, de forma proativa, a segurança dos sistemas e redes de tecnologia da informação (TI). As publicações abrangem todos os procedimentos e critérios que o NIST recomenda para avaliar e documentar ameaças e vulnerabilidades e para implementar medidas de segurança, a fim de minimizar o risco de eventos adversos. As publicações podem ser úteis como diretrizes para a aplicação de regras de segurança e como referências legais no caso de litígio envolvendo questões de segurança.

Em fevereiro de 2014 o NIST publicou um novo padrão de segurança cibernética para infraestruturas críticas. Esse padrão é muito interessante para qualquer indústria que trate de infraestruturas críticas. Ele provê um ponto de vista útil sobre a implementação de tal padrão de segurança e usa não apenas os padrões NIST, mas também os padrões ISO (27xxx).

ANSI

O ANSI (*American National Standards Institute*) é a principal organização para fomento do desenvolvimento de padrões de tecnologia nos Estados Unidos. O ANSI trabalha com grupos da indústria e é o membro dos EUA na ISO e na Comissão Internacional de Eletrotécnica, ou *International Electrotechnical Commission* (IEC).

Padrões de computador estabelecidos há muito tempo pela ANSI incluem o Código Americano Padrão para Intercâmbio de Informações, ou *American Standard Code for Information Interchange* (ASCII), e a Pequena Interface para Sistemas de Computador, ou *Small Computer System Interface* (SCSI).

Outras normas importantes são desenvolvidas pela ITU e pelo IEEE.

ITU-T

A ITU-T (*Telecommunication Standardization Sector of the International Telecommunications Union*) é o principal organismo internacional para a promoção de padrões cooperativos para equipamentos e sistemas de telecomunicações. Era anteriormente conhecida como CCITT e está localizada em Genebra, na Suíça.

IEEE

O IEEE (*Institute of Electrical and Electronics Engineers*) se descreve como "a maior sociedade técnica profissional do mundo – promovendo o desenvolvimento e a aplicação de tecnologias elétricas e das ciências afins para o benefício da humanidade, o avanço da profissão e o bem-estar dos nossos membros".

O IEEE promove o desenvolvimento de padrões que muitas vezes se tornam padrões nacionais e internacionais. A organização publica diversos periódicos, possui muitas seções locais e várias grandes sociedades em áreas especiais, como a *IEEE Computer Society*.

Os protocolos mundialmente utilizados para a conexão de redes sem fio se baseiam em tecnologias IEEE, como as versões IEEE 802.11a, 802.11b, 802.11g, 802.11n e a nova 802.11ac, para prover conectividade sem fio, bem como os padrões de criptografia WEP e WPA.

OWASP

O *Open Web Application Security Project* (OWASP) é um projeto de segurança de aplicativos de código aberto. A comunidade OWASP inclui corporações, organizações educacionais e indivíduos de todo o mundo. Essa comunidade trabalha para criar artigos, metodologias, documentações, ferramentas e tecnologias disponibilizados de graça. A Fundação OWASP é uma organização de caridade que apoia e gerencia projetos e infraestruturas OWASP.

O OWASP não é afiliado a nenhuma empresa de tecnologia, embora apoie o mencionado uso de tecnologias de segurança. O OWASP tem evitado se afiliar, pois acredita que a ausência de pressões organizacionais pode facilitar a prestação de informações imparciais, práticas e econômicas sobre a segurança das aplicações. O OWASP defende a abordagem da segurança de aplicativos levando em conta as dimensões processos, pessoas e tecnologia.

O OWASP também é um organismo emergente de padrões, com a publicação de seu primeiro padrão em dezembro de 2008, o OWASP *Application Security Verification Standard* (ASVS). O principal objetivo do projeto OWASP ASVS é normatizar a extensão da cobertura e o nível de rigor praticado no mercado quando se trata de executar a verificação de segurança no nível de aplicativos. O objetivo é criar um conjunto de padrões abertos, comercialmente viáveis, que sejam adaptados às tecnologias específicas baseadas na *web*.

Uma edição para aplicações *web* foi publicada (*Web Application Edition*) e uma edição para serviços da *web* (*Web Service Edition*) está em desenvolvimento.

A indústria de cartões de pagamento (*Payment Card Industry* - PCI)

É fato que o comércio utilizando a internet se baseia somente na confiança; os usuários não utilizarão sistemas que acreditam ser inseguros. A conformidade com a indústria de cartões de pagamento, ou *Payment Card Industry* (PCI), é obrigatória para comerciantes, processadores de terceiros e agências de serviço – não opcional. O PCI adotou o OWASP como o padrão de fato para a proteção de cartões de pagamento.

Apêndice A. Glossário

Aceitação de risco - Reconhecimento do fato de que certos riscos são aceitos. Isso pode ocorrer quando os custos das medidas de segurança excedem os possíveis danos. Mas também pode ser que a gestão decida não fazer nada, mesmo que os custos não sejam superiores aos possíveis danos. As medidas que uma organização com aceitação de risco adota no domínio da segurança da informação geralmente são de natureza repressiva.

Agente de ameaça - A entidade que tira proveito de uma vulnerabilidade é referida como um agente de ameaça.

Ameaça - Uma potencial causa de um incidente indesejado, o que pode resultar em danos a um sistema ou organização.

Análise de riscos - Uso sistemático de informações para identificar fontes e estimar o risco.

Arquitetura da informação - A definição de uma arquitetura, conforme utilizado na norma ISO/IEC/IEEE 42010:2011 é: "a organização fundamental de um sistema, incorporado em seus componentes, suas relações uns com os outros e com o meio ambiente, e os princípios que governam seu projeto e sua evolução".

Avaliação - Processo de comparar o risco estimado com um dado critério de risco para determinar a importância do risco.

Avaliação do risco - Processo geral de análise do risco e estimativa do risco.

Bomba lógica - Um pedaço de código que é incorporado em um sistema de software. Esse código executará uma função quando as condições específicas forem atendidas. Isso nem sempre é usado para fins maliciosos. Um programador de computador, por exemplo, pode construir um código que destrói arquivos (sensíveis) uma vez que estes deixam a rede da empresa. Vírus e *worms* geralmente contêm bombas lógicas, que normalmente têm um atraso interno para a execução do vírus ou a propagação do *worm*.

Cavalo de Troia - Um cavalo de Troia ou *trojan* é um programa que, além da função que aparenta realizar, conduz propositalmente atividades secundárias, não percebidas pelo usuário do computador, que podem prejudicar a integridade do sistema infectado.

Controles de segurança - Controles de segurança são medidas tomadas para proteger um sistema de informação contra ataques à confidencialidade, integridade e disponibilidade (ou *confidentiality, integrity and availability* - CIA) do sistema. Note que os termos proteção/salvaguarda e contramedida são, às vezes, utilizados como sinônimos para controles de segurança.

Devida diligência - O ato de investigar e compreender os riscos que a empresa (ou organização governamental) enfrenta. Uma empresa pratica a devida diligência ao desenvolver e implementar políticas, procedimentos e padrões de segurança.

Devido cuidado - Mostra que uma empresa assumiu a responsabilidade pelas atividades que ocorrem dentro dela e tomou as medidas necessárias para ajudar a proteger a si, seus recursos e funcionários de possíveis ameaças.

Disponibilidade - Assegura o acesso confiável e oportuno aos dados, ou recursos computacionais, pelo pessoal apropriado. Em outras palavras, garante que os sistemas estão ligados e funcionando quando necessário. Além disso, este conceito garante que os serviços de segurança requeridos pelo profissional de segurança estão em bom estado de funcionamento.

Exposição - É o ato de estar exposto a perdas causadas por um agente ameaçador. Uma vulnerabilidade expõe uma organização a possíveis danos.

Gerenciamento de riscos - O processo de planejar, organizar, liderar e controlar as atividades de uma organização a fim de minimizar os efeitos do risco sobre o capital e os ganhos de uma organização.

Hoax - Um *hoax* (boato) é uma mensagem que tenta convencer o leitor de sua veracidade e depois persuadi-lo a realizar uma ação particular. A propagação de um boato depende dos leitores enviarem deliberadamente a mensagem para outras vítimas potenciais, que também podem, então, fazer o mesmo.

Mitigação do risco - As medidas de segurança tomadas são tais que as ameaças já não se manifestam ou, se o fizerem, o dano resultante é minimizado. A maioria das medidas tomadas no domínio da segurança da informação por uma organização que neutraliza os riscos é uma combinação de medidas preventivas, de detecção e repressivas.

Prevenção de riscos (ou evitar) - Medidas tomadas para que uma ameaça seja neutralizada a tal ponto que já não leve a um incidente. Considere, por exemplo, as atualizações de software de um sistema operacional (SO). Ao atualizar um SO imediatamente após a atualização estar disponível, você previne seu sistema contra problemas técnicos conhecidos ou questões de segurança. Muitas das contramedidas dessa estratégia têm um caráter preventivo.

Risco - A probabilidade de um agente ameaçador tirar proveito de uma vulnerabilidade e o seu respectivo impacto comercial.

Rootkit - Um conjunto de ferramentas de software que são frequentemente usadas por terceiros (geralmente um *hacker*) depois de terem obtido acesso a um sistema (de computador). O *rootkit* se esconde nas profundezas do sistema operacional, possivelmente fazendo com que o sistema operacional se torne instável. É quase impossível de remover um *rootkit* sem danificar o sistema operacional.

Spyware - Um programa de computador que coleta informações sobre o usuário do computador e as envia para outra parte, com o objetivo de ganhar dinheiro. *Spyware* não tenta propositalmente danificar o PC e/ou o software instalado, mas violar a privacidade.

Storm Worm - Desde janeiro de 2007, a internet tem sido atormentada pelo *Storm Worm*, uma assim chamada *botnet* que, segundo várias estimativas, infectou milhões de computadores.

Tratamento do risco - O processo de seleção e implementação de medidas para modificar o risco.

Vírus - Um pequeno programa de computador que se replica propositalmente, às vezes de forma alterada. As versões replicadas do vírus original são, em virtude dessa definição, também vírus. Para que o vírus se espalhe, ele depende de portadores que contenham código executável.

Vulnerabilidade - Uma fraqueza de um ativo ou grupo de ativos que pode ser explorada por uma ou mais ameaças.

Worm - Um pequeno programa de computador que se reproduz propositalmente. Os resultados da replicação são cópias da divulgação original para outros sistemas, fazendo uso das facilidades de rede do seu hospedeiro.

Apêndice B. Visão Geral da Família de Normas ISO 27000

Aproximadamente quarenta normas 'ISO 27000' estão planejadas, mais da metade foi publicada e está à venda na organização IEC/ISO internacional[12] ou pela Associação Brasileira de Normas Técnicas (ABNT). São elas:

- **ISO/IEC 27000:2014** fornece uma visão geral/introdução às normas ISO 27000, mais um glossário para o vocabulário especializado.
- **ISO/IEC 27001:2013** é a norma para os requisitos do Sistema de Gerenciamento de Segurança da Informação (*Information Security Management System* – ISMS). Uma especificação formal para um ISMS.
- **ISO/IEC 27002:2013** é o código de prática para controles de segurança da informação, que descreve os controles e objetivos referentes às boas práticas de controle de segurança da informação.
- **ISO/IEC 27003:2010** fornece orientações sobre a implementação da ISO/IEC 27001.
- **ISO/IEC 27004:2009** abrange as medições da gestão de segurança da informação.
- **ISO/IEC 27005:2011** abrange a gestão de riscos da segurança da informação.
- **ISO/IEC 27006:2011** é um guia para o processo de certificação ou registro para organismos que são acreditados para certificação ou registro do ISMS.

---

12 <http://www.iso.org/iso/home.html>.

- **ISO/IEC 27007:2011** é um guia para auditoria do Sistema de Gerenciamento da Segurança da Informação (ISMS).
- **ISO/IEC TR 27008:2011** diz respeito à auditoria de controles "técnicos" de segurança.
- **ISO/IEC 27009** irá aconselhar os que produzem normas para aplicações setoriais da ISO 27000.
- **ISO/IEC 27010:2012** fornece orientação sobre o gerenciamento de segurança da informação para comunicações entre setores e organizações.
- **ISO/IEC 27011:2008** é a diretriz de gerenciamento de segurança da informação para as organizações de telecomunicações (também publicado como ITU X.1051).
- **ISO/IEC 27013:2012** fornece orientações sobre a implementação integrada da ISO/IEC 27001 (ISMS) e ISO/IEC 20000-1 (gerenciamento de serviços de TI).
- **ISO/IEC 27014:2013** oferece orientações sobre a governança da segurança da informação.
- **ISO/IEC TR 27015:2012** fornece diretrizes para o gerenciamento de segurança da informação para serviços financeiros.
- **ISO/IEC TR 27016:2014** cobre a economia da gestão da segurança da informação.
- **ISO/IEC 27017** abrangerá os controles de segurança da informação para a computação em nuvem.
- **ISO/IEC 27018** cobre informações de identificação pessoal (*Personally Identifiable Information* - PII) em nuvens públicas.
- **ISO/IEC TR 27019:2013** abrange a segurança da informação para o controle de processos no setor de energia.
- **ISO/IEC 27021** propõe explicar competências e conhecimentos exigidos pelos profissionais de gestão da segurança da informação.
- **ISO/IEC TR 27023** fará o mapeamento entre as versões de 2005 e 2013 da 27001 e da 27002.
- **ISO/IEC 27031:2011** é um padrão focado nas TICs sobre continuidade dos negócios.

- **ISO/IEC 27032:2012** cobre segurança cibernética.
- **ISO/IEC 27033:2009+** está substituindo a norma sobre segurança de redes de TI ISO/IEC 18028, que possui várias partes (partes 1, 2, 3, 4, 5 e 6 estão publicadas).
- **ISO/IEC 27034:2014** fornece diretrizes para segurança de aplicativos.
- **ISO/IEC 27035:2011** é sobre gestão de incidentes de segurança da informação.
- **ISO/IEC 27036:2013+** é uma diretriz de segurança, de várias partes, para o relacionamento com fornecedores, incluindo os aspectos de gestão do relacionamento na computação em nuvem (partes 1, 2 e 3 foram publicadas).
- **ISO/IEC 27037:2012** cobre a identificação, coleta e preservação de evidências digitais.
- **ISO/IEC 27038:2014** é uma especificação para a edição digital.
- **ISO/IEC 27039** incidirá sobre sistemas de detecção e prevenção de intrusões.
- **ISO/IEC 27040** oferecerá orientações sobre segurança do armazenamento.
- **ISO/IEC 27041** oferecerá orientações sobre a confiança dos métodos de investigação de provas digitais.
- **ISO/IEC 27042** oferecerá orientações sobre a análise e a interpretação de evidências digitais.
- **ISO/IEC 27043** oferecerá orientações sobre princípios e processos de investigação de evidências digitais.
- **ISO/IEC 27044** oferecerá orientações sobre gerenciamento de incidentes e eventos de segurança (*Security Incident and Event Management* – SIEM).
- **ISO/IEC 27050** oferecerá orientação sobre padrões forenses digitais com o propósito de contribuir para a captura de evidências digitais.
- **ISO 27799:2008** fornece orientações específicas para a implementação do ISMS no setor de saúde, com base na ISO/IEC 27002:2005.

Apêndice C.1. Exemplo de Exame

Introdução

Esta é uma amostra do exame de Fundamentos de Segurança da Informação da EXIN, baseado na ISO/IEC 27001.

Este exemplo consiste de 40 questões de múltipla escolha. Cada questão possui um número de respostas possíveis, das quais apenas uma é a correta.

O máximo de pontos que podem ser obtidos neste exame é 40. Cada resposta correta vale 1 ponto. Se obtiver 26 pontos ou mais, você será aprovado.

O tempo permitido para essa amostra de questões é 60 minutos.

Nenhum direito pode ser derivado dessa informação.

Boa sorte!

Exemplo de exame

1 de 40

Qual é a relação entre informação e dado?

A. Dado é informação estruturada.

B. Informação é o significado e o valor atribuído a um conjunto de dados.

2 de 40

A fim de tirar uma apólice de seguro contra incêndio, um escritório de administração deve determinar o valor dos dados que gere.

Qual fator **não** é importante para determinar o valor do dado para uma organização?

A. O conteúdo do dado.

B. O grau em que o dado faltante, incompleto ou incorreto pode ser recuperado.

C. O quão indispensável é o dado para o processo de negócio.

D. A importância dos processos de negócio que fazem uso do dado.

3 de 40

Um *hacker* obtém acesso a um servidor *web* e consegue ver um arquivo no servidor contendo números de cartões de crédito.

Qual dos princípios CIA (confidencialidade, integridade e disponibilidade) do arquivo de cartões de crédito foi violado?

A. Disponibilidade.

B. Confidencialidade.

C. Integridade.

4 de 40

Há uma impressora de rede no corredor da empresa onde você trabalha. Muitos funcionários não pegam suas impressões imediatamente e as deixam na impressora.

Quais são as consequências disso para a confiabilidade da informação?

A. A integridade da informação não é mais garantida.

B. A disponibilidade da informação não é mais garantida.

C. A confidencialidade da informação não é mais garantida.

5 de 40

Uma análise de riscos bem executada fornece uma grande quantidade de informações úteis. Uma análise de riscos possui quatro objetivos principais.

Qual **não** é um dos quatro principais objetivos de uma análise de riscos?

A. Identificar os ativos e seus valores.

B. Implementar contramedidas.

C. Estabelecer um equilíbrio entre os custos de um incidente e os custos de uma medida de segurança.

D. Determinar as vulnerabilidades e ameaças relevantes.

6 de 40

Um escritório de administração irá determinar os perigos ao qual está exposto.

Como chamamos um possível evento que pode ter um efeito prejudicial sobre a confiabilidade da informação?

A. Dependência.

B. Ameaça.

C. Vulnerabilidade.

D. Risco.

7 de 40

Qual é o propósito do gerenciamento de riscos?

A. Determinar a probabilidade de certo risco ocorrer.

B. Determinar o dano causado por possíveis incidentes de segurança.

C. Esboçar as ameaças às quais os recursos de TI estão expostos.

D. Implementar medidas para reduzir os riscos a um nível aceitável.

8 de 40

Alguns anos atrás você começou a sua empresa, que agora cresceu de 1 para 20 funcionários. As informações de sua empresa valem cada vez mais e já se foram os dias em que você mesmo podia manter o controle disso. Você sabe que tem que tomar medidas, mas quais seriam? Você contrata um consultor que aconselha você a começar com uma análise qualitativa do risco.

O que é uma análise qualitativa do risco?

A. Esta análise segue um cálculo preciso de probabilidade estatística para calcular a perda exata causada pelo dano.

B. Esta análise é baseada em cenários e situações, e produz uma visão subjetiva das possíveis ameaças.

9 de 40

Houve um incêndio em uma filial da empresa Midwest Insurance. O corpo de bombeiros rapidamente chegou ao local e pôde extinguir o fogo antes que ele se espalhasse e queimasse todo o local. O servidor, no entanto, foi destruído no incêndio. As fitas de *backup* mantidas em outra sala derreteram e muitos outros documentos foram perdidos para sempre.

Qual é um exemplo de dano indireto causado por esse incêndio?

A. Fitas de *backup* derretidas.

B. Sistemas de computador queimados.

C. Documentos queimados.

D. Danos causados pela água devido aos extintores de incêndio.

10 de 40

Você é o proprietário da empresa de entregas chamada SpeeDelivery. Você realizou uma análise de riscos e agora quer determinar a sua estratégia de risco. Você decide adotar medidas para os grandes riscos, mas não para os pequenos riscos.

Como se chama essa estratégia de risco?

A. Aceitar o risco.

B. Evitar o risco.

C. Neutralizar o risco.

11 de 40

Qual é um exemplo de ameaça humana?

A. Um *pen drive* passa um vírus para a rede.

B. Muita poeira na sala de servidores.

C. Um vazamento provoca uma falha no fornecimento de eletricidade.

12 de 40

Qual é um exemplo de ameaça humana?

A. Um raio.

B. Incêndio.

C. *Phishing.*

13 de 40

Você trabalha no escritório de uma grande empresa. Você recebe uma ligação telefônica de uma pessoa alegando ser de uma central de atendimento. A pessoa pergunta a sua senha.

Que tipo de ameaça é essa?

A. Ameaça natural.

B. Ameaça organizacional.

C. Engenharia social.

14 de 40

Um incêndio ocorre em uma filial de uma empresa de seguros de saúde. O pessoal é transferido para as filiais vizinhas para continuar o seu trabalho.

Em que lugar do ciclo de incidentes está o deslocamento para um sistema de prontidão?

A. Entre a ameaça e o incidente.

B. Entre a recuperação e a ameaça.

C. Entre o dano e a recuperação.

D. Entre o incidente e o dano.

15 de 40

A informação possui numerosos aspectos de confiabilidade. A confiabilidade está constantemente sendo ameaçada. São exemplos de ameaça: um cabo fica frouxo, alguém altera a informação por acidente, um dado é utilizado de forma privada ou é falsificado.

Qual dos exemplos é uma ameaça à integridade?

A. Um cabo frouxo.

B. Alteração acidental do dado.

C. Uso pessoal do dado.

16 de 40

Um membro da equipe nega o envio de uma mensagem específica.

Que aspecto da confiabilidade está em perigo aqui?

A. Disponibilidade.

B. Precisão.

C. Integridade.

D. Confidencialidade.

17 de 40

Como é **melhor** descrito o propósito da política de segurança da informação?

A. Uma política de segurança da informação documenta a análise de riscos e a busca por contramedidas.

B. Uma política de segurança da informação provê orientação e apoio à gestão em matéria de segurança da informação.

C. Uma política de segurança da informação torna o plano de segurança concreto ao fornecer os detalhes necessários.

D. Uma política de segurança da informação fornece uma visão sobre as ameaças e as possíveis consequências.

18 de 40

Um incidente de segurança referente a um servidor *web* é relatado a um funcionário da central de atendimento. Sua colega possui mais experiência em servidores *web*, então ele transfere o caso para ela.

Qual termo descreve essa transferência?

A. Escalamento funcional.

B. Escalamento hierárquico.

19 de 40

Uma funcionária de uma seguradora descobre que a data de validade de uma política foi modificada sem o seu conhecimento. Ela é a única pessoa autorizada a fazer isso. Ela reporta o incidente de segurança à central de atendimento. O funcionário da central de atendimento registra as seguintes informações referentes a esse incidente:

- Data e hora.
- Descrição do incidente.
- Possíveis consequências do incidente.

Que informação **mais** importante sobre o incidente está faltando aqui?

A. O nome da pessoa que reporta o incidente.

B. O nome do pacote de software.

C. O número do PC.

D. Uma lista de pessoas que foram informadas sobre o incidente.

20 de 40

No ciclo do incidente existem quatro etapas sucessivas.

Qual etapa ocorre após a etapa Incidente?

A. Ameaça.

B. Dano.

C. Recuperação.

21 de 40

Qual medida é uma medida preventiva?

A. Instalar um sistema de *log* que permita que mudanças no sistema sejam reconhecidas.

B. Desligar todo o tráfego de internet após um *hacker* obter acesso aos sistemas da empresa.

C. Colocar informações sensíveis em um cofre.

22 de 40

O que é uma medida repressiva no caso de um incêndio?

A. Fazer um seguro de incêndio.

B. Extinguir o incêndio após este ser detectado por um detector de incêndio.

C. Reparar o dano causado pelo incêndio.

23 de 40

Qual é o objetivo da classificação da informação?

A. Criar um manual sobre como lidar com dispositivos móveis.

B. Aplicar etiquetas tornando a informação mais fácil de reconhecer.

C. Estruturar a informação de acordo com a sua sensibilidade.

24 de 40

Quem está autorizado a mudar a classificação de um documento?

A. O autor do documento.

B. O administrador do documento.

C. O dono do documento.

D. O gerente do dono do documento.

25 de 40

A sala de computadores é protegida por um leitor de dispositivos de acesso. Só o departamento de gestão de sistemas possui um dispositivo de acesso.

Que tipo de medida de segurança é essa?

A. Uma medida de segurança corretiva.

B. Uma medida de segurança física.

C. Uma medida de segurança lógica.

D. Uma medida de segurança repressiva.

26 de 40

Uma autenticação forte é necessária para acessar áreas altamente protegidas. No caso de autenticação forte, a identidade de uma pessoa é verificada usando três fatores.

Qual fator é verificado quando temos que mostrar o nosso dispositivo de acesso?

A. Algo que você é.

B. Algo que você possui.

C. Algo que você sabe.

27 de 40

Na segurança física, podem ser aplicadas várias zonas de expansão (anéis de proteção) em que podem ser tomadas diferentes medidas.

O que **não** é um anel de proteção?

A. Um prédio.

B. Um anel intermediário.

C. Um objeto.

D. Um anel externo.

28 de 40

Que ameaça pode ocorrer como resultado da falta de uma medida física?

A. Um usuário pode visualizar os arquivos pertencentes a outro usuário.

B. Um servidor desliga devido ao superaquecimento.

C. Um documento confidencial é deixado na impressora.

D. *Hackers* podem entrar livremente na rede de computadores.

29 de 40

Qual medida de segurança é uma medida técnica?

A. Alocar informações a um proprietário.

B. Criptografia de arquivos.

C. Criar uma política definindo o que é e o que não é permitido em e-mails.

D. Armazenar senhas de gerenciamento de sistema em um cofre.

30 de 40

Os *backups* do servidor central são mantidos na mesma sala trancada que o servidor.

Qual risco a organização enfrenta?

A. Se o servidor falhar, demorará muito tempo até que o servidor volte a ficar operacional.

B. Em caso de incêndio é impossível restaurar o sistema ao seu estado anterior.

C. Ninguém é responsável pelos *backups*.

D. As pessoas não autorizadas têm acesso fácil aos *backups*.

31 de 40

Que tipo de *malware* cria uma rede de computadores contaminados?

A. Bomba lógica.

B. Storm Worm ou *botnet*.

C. Cavalo de Troia.

D. Spyware.

32 de 40

Dentro de uma organização, o responsável pela segurança detecta que a estação de trabalho de um empregado está infectada com um software malicioso. O software malicioso foi instalado devido a um ataque direcionado de *phishing*.

Qual ação é a **mais** benéfica para prevenir tais incidentes no futuro?

A. Implementar a tecnologia MAC.

B. Iniciar um programa de conscientização de segurança.

C. Atualizar as regras de *firewall*.

D. Atualizar as assinaturas do filtro de spam.

33 de 40

Você trabalha no departamento de TI de uma empresa de médio porte. Informações confidenciais têm, por diversas vezes, caído em mãos erradas. Isso feriu a imagem da empresa. Você foi convidado a propor medidas de segurança organizacionais para *laptops* na empresa.

Qual é o primeiro passo que você deve tomar?

A. Formular uma política referente à mídia móvel (PDAs, *laptops*, *smartphones*, *pen drives*).

B. Nomear pessoal de segurança.

C. Criptografar *pen drives* e discos rígidos de *laptops*.

D. Estabelecer uma política de controle de acesso.

34 de 40

Qual é o nome do sistema que garante a coerência da segurança da informação na organização?

A. Sistema de gerenciamento de segurança da informação (*Information Security Management System* - ISMS).

B. Rootkit.

C. Regulamentos de segurança para informações especiais do governo.

35 de 40

Como se chama "estabelecer se a identidade de alguém é correta"?

A. Autenticação.

B. Autorização.

C. Identificação.

36 de 40

Por que é necessário manter um plano de recuperação de desastres atualizado e testá-lo regularmente?

A. A fim de ter sempre acesso a *backups* recentes que estão localizados fora do escritório.

B. Para poder enfrentar falhas que ocorrem diariamente.

C. Porque, de outra forma, no caso de uma interrupção de grande escala, as medidas adotadas e os procedimentos planejados para incidentes podem não ser adequados ou podem estar desatualizados.

D. Porque isso é requerido pela legislação de proteção de dados pessoais.

37 de 40

Com base em qual legislação uma pessoa pode solicitar a inspeção dos dados que foram registrados sobre ela?

A. Legislação sobre registros públicos.

B. Legislação sobre proteção de dados pessoais.

C. Legislação de crimes computacionais.

D. Legislação de informações governamentais (acesso público).

38 de 40

Qual das opções a seguir é um ato legislativo ou regulatório relacionado à segurança da informação que pode ser imposto a todas as organizações?

A. Direitos de propriedade intelectual.

B. ISO/IEC 27001:2013.

C. ISO/IEC 27002:2013.

D. Legislação sobre proteção de dados pessoais.

39 de 40

Você é o proprietário da empresa de entregas SpeeDelivery. Você emprega algumas pessoas que, enquanto esperam para fazer uma entrega, podem realizar outras tarefas. Você percebe, no entanto, que eles usam esse tempo para enviar e ler o seu e-mail privado e navegar na internet.

Em termos legais, de que **melhor** forma o uso da internet e das facilidades do e-mail pode ser regulamentado?

A. Instalando uma aplicação que torna certos *websites* não mais acessíveis e que filtra anexos em e-mails.
B. Elaborando um código de conduta para o uso da internet e do correio eletrônico, no qual são estabelecidos os direitos e as obrigações tanto do empregador como dos funcionários.
C. Implementando regulamentos de privacidade.
D. Instalando um antivírus.

40 de 40

Em que condições um empregador é autorizado a verificar se a internet e os serviços de e-mail estão sendo utilizados, no local de trabalho, para fins privados?

A. O empregador é autorizado a verificar se, após cada verificação, o funcionário for informado.
B. O empregador é autorizado a verificar se os funcionários estiverem cientes de que isso pode ocorrer.
C. O empregador é autorizado a verificar se também houver um *firewall* instalado.

Apêndice C.2. Respostas Comentadas

1 de 40

Qual é a relação entre informação e dado?

A. Dado é informação estruturada.

B. Informação é o significado e o valor atribuído a um conjunto de dados.

A. Incorreto. Informação é o dado estruturado.

B. Correto. Informação é o dado que possui sentido em algum contexto para quem a recebe (§3.1).

2 de 40

A fim de tirar uma apólice de seguro contra incêndio, um escritório de administração deve determinar o valor dos dados que gere.

Qual fator **não** é importante para determinar o valor do dado para uma organização?

A. O conteúdo do dado.

B. O grau em que o dado faltante, incompleto ou incorreto pode ser recuperado.

C. O quão indispensável é o dado para o processo de negócio.

D. A importância dos processos de negócio que fazem uso do dado.

A. Correto. O conteúdo do dado não determina o seu valor (§3.12.4).

B. Incorreto. Dados faltantes, incompletos ou incorretos que podem ser facilmente recuperados são menos valiosos do que dados que são difíceis ou impossíveis de recuperar.

C. Incorreto. O quão indispensável é o dado para o processo de negócio determina em parte o seu valor.

D. Incorreto. Dados críticos para processos comerciais importantes são, por esse motivo, valiosos.

3 de 40

Um *hacker* obtém acesso a um servidor *web* e consegue ver um arquivo no servidor contendo números de cartões de crédito.

Qual dos princípios CIA (confidencialidade, integridade e disponibilidade) do arquivo de cartões de crédito foi violado?

A. Disponibilidade.

B. Confidencialidade.

C. Integridade.

A. Incorreto. O *hacker* não apagou o arquivo ou negou de qualquer forma o acesso a entidades autorizadas, portanto a disponibilidade não foi prejudicada.

B. Correto. O *hacker* foi capaz de ler o arquivo (confidencialidade) (§3.3).

C. Incorreto. Não houve informação alterada no arquivo de cartão de crédito; portanto, a integridade do arquivo não foi violada.

4 de 40

Há uma impressora de rede no corredor da empresa onde você trabalha. Muitos funcionários não pegam suas impressões imediatamente e as deixam na impressora.

Quais são as consequências disso para a confiabilidade da informação?

A. A integridade da informação não é mais garantida.

B. A disponibilidade da informação não é mais garantida.

C. A confidencialidade da informação não é mais garantida.

A. Incorreto. A integridade da informação nas impressões ainda é garantida, pois está no papel.

B. Incorreto. A informação ainda está disponível no sistema que foi usado para criá-la e imprimi-la.

C. Correto. A informação pode acabar nas mãos de – ou ser lida por – pessoas que não devem ter acesso a ela (§3.3).

5 de 40

Uma análise de riscos bem executada fornece uma grande quantidade de informações úteis. Uma análise de riscos possui quatro objetivos principais.

Qual **não** é um dos quatro principais objetivos de uma análise de riscos?

A. Identificar os ativos e seus valores.

B. Implementar contramedidas.

C. Estabelecer um equilíbrio entre os custos de um incidente e os custos de uma medida de segurança.

D. Determinar as vulnerabilidades e ameaças relevantes.

A. Incorreto. Este é um dos principais objetivos de uma análise de riscos.

B. Correto. Este não é um objetivo da análise de riscos. Medidas podem ser selecionadas quando, em uma análise de riscos, são determinados quais riscos necessitam de uma medida de segurança (§3.12.3).

C. Incorreto. Este é um dos principais objetivos de uma análise de riscos.

D. Incorreto. Este é um dos principais objetivos de uma análise de riscos.

6 de 40

Um escritório de administração irá determinar os perigos ao qual está exposto.

Como chamamos um possível evento que pode ter um efeito prejudicial sobre a confiabilidade da informação?

A. Dependência.

B. Ameaça.

C. Vulnerabilidade.

D. Risco.

A. Incorreto. Dependência não é um evento.

B. Correto. Uma ameaça é um possível evento que pode ter um efeito negativo sobre a confiabilidade da informação (§3.8).

C. Incorreto. Vulnerabilidade é o grau em que um objeto é suscetível a uma ameaça.

D. Incorreto. Um risco é o dano médio esperado ao longo de um período de tempo, como resultado de uma ou mais ameaças que levam a interrupções.

7 de 40

Qual é o propósito do gerenciamento de riscos?

A. Determinar a probabilidade de certo risco ocorrer.

B. Determinar o dano causado por possíveis incidentes de segurança.

C. Esboçar as ameaças às quais os recursos de TI estão expostos.

D. Implementar medidas para reduzir os riscos a um nível aceitável.

A. Incorreto. Isso é parte da análise de riscos.

B. Incorreto. Isso é parte da análise de riscos.

C. Incorreto. Isso é parte da análise de riscos.

D. Correto. O objetivo do gerenciamento de riscos é reduzir os riscos para um nível aceitável (§3.12.1).

8 de 40

Alguns anos atrás você começou a sua empresa, que agora cresceu de 1 para 20 funcionários. As informações de sua empresa valem cada vez mais e já se foram os dias em que você mesmo podia manter o controle disso. Você sabe que tem que tomar medidas, mas quais seriam? Você contrata um consultor que aconselha você a começar com uma análise qualitativa do risco.

O que é uma análise qualitativa do risco?

A. Esta análise segue um cálculo preciso de probabilidade estatística para calcular a perda exata causada pelo dano.

B. Esta análise é baseada em cenários e situações, e produz uma visão subjetiva das possíveis ameaças.

A. Incorreto. Em uma análise qualitativa do risco, é feito um esforço para determinar numericamente as probabilidades de vários eventos e a extensão provável das perdas se um determinado evento ocorrer.

B. Correto. Uma análise qualitativa do risco envolve a definição de várias ameaças, a determinação da extensão das vulnerabilidades e a criação de contramedidas, para o caso de ocorrer um ataque (§3.12.5).

9 de 40

Houve um incêndio em uma filial da empresa Midwest Insurance. O corpo de bombeiros rapidamente chegou ao local e pôde extinguir o fogo antes que ele se espalhasse e queimasse todo o local. O servidor, no entanto, foi destruído no incêndio. As fitas de *backup* mantidas em outra sala derreteram e muitos outros documentos foram perdidos para sempre.

Qual é um exemplo de dano indireto causado por esse incêndio?

A. Fitas de *backup* derretidas.

B. Sistemas de computador queimados.

C. Documentos queimados.

D. Danos causados pela água devido aos extintores de incêndio.

A. Incorreto. Fitas derretidas são um dano direto causado pelo incêndio.

B. Incorreto. Sistemas de computador queimados são danos diretos causados pelo incêndio.

C. Incorreto. Documentos queimados são danos diretos causados pelo incêndio.

D. Correto. Danos acarretados pela água dos extintores são danos indiretos causados pelo incêndio. Este é um efeito colateral da extinção do incêndio, a qual visa minimizar os danos causados pelo fogo (§3.16).

10 de 40

Você é o proprietário da empresa de entregas chamada SpeeDelivery. Você realizou uma análise de riscos e agora quer determinar a sua estratégia de risco. Você decide adotar medidas para os grandes riscos, mas não para os pequenos riscos.

Como se chama essa estratégia de risco?

A. Rolar o risco.

B. Evitar o risco.

C. Neutralizar o risco.

A. Correto. Isso significa que certos riscos são aceitos (§3.17).

B. Incorreto. Isso significa que medidas são tomadas para que a ameaça seja neutralizada a tal ponto que não mais leve a um incidente.

C. Incorreto. Isso significa que as medidas de segurança são tomadas de tal forma que as ameaças não mais se manifestam ou, se o fizerem, o dano resultante é minimizado.

11 de 40

Qual é um exemplo de ameaça humana?

A. Um *pen drive* passa um vírus para a rede.

B. Muita poeira na sala de servidores.

C. Um vazamento provoca uma falha no fornecimento de eletricidade.

A. Correto. Um *pen drive* é sempre inserido por uma pessoa. Portanto, se ao fazer isso um vírus entra na rede, então isso é uma ameaça humana (§3.15.1).

B. Incorreto. Poeira não é uma ameaça humana.

C. Incorreto. Um vazamento não é uma ameaça humana.

12 de 40

Qual é um exemplo de ameaça humana?

A. Um raio.

B. Incêndio.

C. Phishing.

A. Incorreto. Um raio é um exemplo de ameaça não humana.

B. Incorreto. Incêndio é um exemplo de ameaça não humana.

C. Correto. *Phishing* (atrair usuários para sites falsos) é uma forma de ameaça humana (§12.4.2).

13 de 40

Você trabalha no escritório de uma grande empresa. Você recebe uma ligação telefônica de uma pessoa alegando ser de uma central de atendimento. A pessoa pergunta a sua senha.

Que tipo de ameaça é essa?

A. Ameaça natural.

B. Ameaça organizacional.

C. Engenharia social.

A. Incorreto. Uma ligação telefônica é uma ameaça humana, portanto não é uma ameaça natural.

B. Incorreto. O termo "ameaça organizacional" não é um termo comum para um tipo de ameaça.

C. Correto. Utilizar expressões ou nomes corretos de pessoas conhecidas e seus departamentos dá a impressão de ser um colega tentando obter segredos comerciais e da empresa. Você deve verificar se está realmente falando com a central de atendimento. Um funcionário da central de atendimento nunca perguntará a sua senha (§7.2.1).

14 de 40

Um incêndio ocorre em uma filial de uma empresa de seguros de saúde. O pessoal é transferido para as filiais vizinhas para continuar o seu trabalho.

Em que lugar do ciclo de incidentes está o deslocamento para um sistema de prontidão?

A. Entre a ameaça e o incidente.

B. Entre a recuperação e a ameaça.

C. Entre o dano e a recuperação.

D. Entre o incidente e o dano.

A. Incorreto. Acionar um sistema de prontidão sem um incidente é muito caro.

B. Incorreto. A recuperação ocorre após a colocação em operação de um sistema de prontidão.

C. Incorreto. Os danos e a recuperação são na realidade limitados pelo sistema de prontidão.

D. Correto. Um sistema de prontidão é uma medida corretiva que é iniciada a fim de limitar um dano (§16.1 e 16.5).

15 de 40

A informação possui numerosos aspectos de confiabilidade. A confiabilidade está constantemente sendo ameaçada. São exemplos de ameaça: um cabo fica frouxo, alguém altera a informação por acidente, um dado é utilizado de forma privada ou é falsificado.

Qual dos exemplos é uma ameaça à integridade?

A. Um cabo frouxo.

B. Alteração acidental do dado.

C. Uso pessoal do dado.

A. Incorreto. Um cabo frouxo é uma ameaça à disponibilidade da informação.

B. Correto. A alteração não intencional de dados é uma ameaça à sua integridade (§3.2 e 3.4).

C. Incorreto. O uso de dados para fins particulares é uma forma de mau uso e é uma ameaça à confidencialidade.

16 de 40

Um membro da equipe nega o envio de uma mensagem específica.

Que aspecto da confiabilidade está em perigo aqui?

A. Disponibilidade.

B. Precisão.

C. Integridade.

D. Confidencialidade.

A. Incorreto. A sobrecarga da infraestrutura é um exemplo de ameaça à disponibilidade.

B. Incorreto. Precisão não é um aspecto da confiabilidade. Ela é uma característica da integridade.

C. Correto. A negação do envio de uma mensagem tem a ver com o não repúdio, uma ameaça à integridade (§3.2 e 3.4).

D. Incorreto. O uso indevido e/ou a divulgação de dados são ameaças à confidencialidade.

17 de 40

Como é **melhor** descrito o propósito da política de segurança da informação?

A. Uma política de segurança da informação documenta a análise de riscos e a busca por contramedidas.

B. Uma política de segurança da informação provê orientação e apoio à gestão em matéria de segurança da informação.

C. Uma política de segurança da informação torna o plano de segurança concreto ao fornecer os detalhes necessários.

D. Uma política de segurança da informação fornece uma visão sobre as ameaças e as possíveis consequências.

A. Incorreto. A análise dos riscos e a busca por contramedidas são os objetivos da análise e do gerenciamento de riscos.

B. Correto. A política de segurança fornece orientação e suporte à gerência em relação à segurança da informação (§5.1.1).

C. Incorreto. O plano de segurança torna concreta a política de segurança da informação. O plano inclui as medidas que foram escolhidas, quem é responsável pelo quê, as diretrizes para a implementação de medidas, etc.

D. Incorreto. O propósito de uma análise de ameaças é fornecer uma compreensão sobre as ameaças e as possíveis contramedidas.

18 de 40

Um incidente de segurança referente a um servidor *web* é relatado a um funcionário da central de atendimento. Sua colega possui mais experiência em servidores *web*, então ele transfere o caso para ela.

Qual termo descreve essa transferência?

A. Escalamento funcional.

B. Escalamento hierárquico.

A. Correto. Se o funcionário da central de atendimento não for capaz de lidar pessoalmente com o incidente, este pode ser reportado a alguém com mais conhecimento que possa resolver o problema. Isso se chama escalamento funcional (horizontal) (§16.1).

B. Incorreto. Isso se chama escalamento funcional (horizontal). Escalamento hierárquico é quando uma tarefa é transferida a alguém com mais autoridade.

19 de 40

Uma funcionária de uma seguradora descobre que a data de validade de uma política foi modificada sem o seu conhecimento. Ela é a única pessoa autorizada a fazer isso. Ela reporta o incidente de segurança à central de atendimento. O funcionário da central de atendimento registra as seguintes informações referentes a esse incidente:

- Data e hora.
- Descrição do incidente.
- Possíveis consequências do incidente.

Que informação **mais** importante sobre o incidente está faltando aqui?

A. O nome da pessoa que reporta o incidente.

B. O nome do pacote de software.

C. O número do PC.

D. Uma lista de pessoas que foram informadas sobre o incidente.

A. Correto. Ao reportar um incidente, o nome de quem reportou deve ser, no mínimo, registrado (§16.2).

B. Incorreto. Essa é uma informação adicional que pode ser adicionada mais tarde.

C. Incorreto. Essa é uma informação adicional que pode ser adicionada mais tarde.

D. Incorreto. Essa é uma informação adicional que pode ser adicionada mais tarde.

20 de 40

No ciclo do incidente existem quatro etapas sucessivas.

Qual etapa ocorre após a etapa Incidente?

A. Ameaça.

B. Dano.

C. Recuperação.

A. Incorreto. O dano ocorre após o incidente. A ordem correta das etapas é ameaça, incidente, dano e recuperação.

B. Correto. A ordem das etapas no ciclo de incidentes é: ameaça, incidente, dano e recuperação (§16.5).

C. Incorreto. O dano ocorre após o incidente. A ordem correta das etapas é ameaça, incidente, dano e recuperação.

21 de 40

Qual medida é uma medida preventiva?

A. Instalar um sistema de *log* que permita que mudanças no sistema sejam reconhecidas.

B. Desligar todo o tráfego de internet após um *hacker* obter acesso aos sistemas da empresa.

C. Colocar informações sensíveis em um cofre.

A. Incorreto. Através de um sistema de *log* só é possível pesquisar o que aconteceu após a ocorrência do incidente. Trata-se de uma medida de detecção destinada a detectar incidentes.

B. Incorreto. Desligar todo o tráfego na internet é uma medida repressiva destinada a limitar um incidente.

C. Correto. Um cofre é uma medida preventiva, onde a prevenção de danos é feita para as informações sensíveis nele armazenadas (§16.5).

22 de 40

O que é uma medida repressiva no caso de um incêndio?

A. Fazer um seguro de incêndio.

B. Extinguir o incêndio após este ser detectado por um detector de incêndio.

C. Reparar o dano causado pelo incêndio.

A. Incorreto. Fazer um seguro protege contra as consequências financeiras de um incêndio.

B. Correto. Essa medida repressiva minimiza os danos causados pelo incêndio (§16.5).

C. Incorreto. Essa não é uma medida repressiva, ela não minimiza os danos causados pelo incêndio.

23 de 40

Qual é o objetivo da classificação da informação?

A. Criar um manual sobre como lidar com dispositivos móveis.

B. Aplicar etiquetas tornando a informação mais fácil de reconhecer.

C. Estruturar a informação de acordo com a sua sensibilidade.

A. Incorreto. A criação de um manual tem a ver com as diretrizes para o usuário e não é a classificação das informações.

B. Incorreto. Aplicar rótulos às informações é nomear, uma forma especial de categorizar as informações que seguem uma classificação.

C. Correto. A classificação das informações é usada para definir os diferentes níveis de sensibilidade em que a informação pode ser estruturada (§8.5).

24 de 40

Quem está autorizado a mudar a classificação de um documento?

A. O autor do documento.

B. O administrador do documento.

C. O dono do documento.

D. O gerente do dono do documento.

A. Incorreto. O autor pode alterar o conteúdo, mas não a classificação de um documento.

B. Incorreto. O administrador não pode alterar a classificação de um documento.

C. Correto. O dono deve assegurar que o ativo é classificado ou reclassificado, se necessário, então ele é autorizado a mudar a classificação de um documento (§8.5).

D. Incorreto. O gerente do dono não tem autoridade sobre isso.

25 de 40

A sala de computadores é protegida por um leitor de dispositivos de acesso. Só o departamento de gestão de sistemas possui um dispositivo de acesso.

Que tipo de medida de segurança é essa?

A. Uma medida de segurança corretiva.

B. Uma medida de segurança física.

C. Uma medida de segurança lógica.

D. Uma medida de segurança repressiva.

A. Incorreto. Uma medida de segurança corretiva é uma medida de recuperação.

B. Correto. Essa é uma medida de segurança física (§11.1).

C. Incorreto. Uma medida de segurança lógica controla o acesso a softwares e informações, e não o acesso físico a salas.

D. Incorreto. Uma medida de segurança repressiva destina-se a minimizar as consequências de uma interrupção.

26 de 40

Uma autenticação forte é necessária para acessar áreas altamente protegidas. No caso de autenticação forte, a identidade de uma pessoa é verificada usando três fatores.

Qual fator é verificado quando temos que mostrar o nosso dispositivo de acesso?

A. Algo que você é.

B. Algo que você possui.

C. Algo que você sabe.

A. Incorreto. Um dispositivo de acesso não é um exemplo de algo que você é.

B. Correto. Um dispositivo de acesso é um exemplo de algo que você possui (§11.1.2).

C. Incorreto. Um dispositivo de acesso não é algo que você sabe.

27 de 40

Na segurança física, podem ser aplicadas várias zonas de expansão (anéis de proteção) em que podem ser tomadas diferentes medidas.

O que **não** é um anel de proteção?

A. Um prédio.

B. Um anel intermediário.

C. Um objeto.

D. Um anel externo.

A. Incorreto. Um edifício é uma zona válida e trata do acesso às instalações.

B. Correto. Anéis de proteção: anel externo (área ao redor das instalações), prédio (acesso às instalações), local de trabalho (as salas nas instalações, também conhecido como "anel interno"), objeto (o ativo a ser protegido). Não existe um anel intermediário (§11.1.1).

C. Incorreto. Um objeto é uma zona válida e trata do recurso que deve ser protegido.

D. Incorreto. Um anel externo é uma zona válida e trata da área ao redor das instalações.

28 de 40

Que ameaça pode ocorrer como resultado da falta de uma medida física?

A. Um usuário pode visualizar os arquivos pertencentes a outro usuário.

B. Um servidor desliga devido ao superaquecimento.

C. Um documento confidencial é deixado na impressora.

D. Hackers podem entrar livremente na rede de computadores.

A. Incorreto. Controle de acesso lógico é uma medida técnica que impede o acesso não autorizado a documentos de outro usuário.

B. Correto. Segurança física inclui a proteção de equipamentos através do controle climático (ar-condicionado, umidade do ar) (§11.2.1).

C. Incorreto. Uma política de segurança deve abranger as regras de como lidar com documentos confidenciais. Todos os funcionários devem estar cientes dessa política e praticar as regras. Esta é uma medida organizacional.

D. Incorreto. Impedir que *hackers* entrem no computador ou na rede é uma medida técnica.

29 de 40

Qual medida de segurança é uma medida técnica?

A. Alocar informações a um proprietário.

B. Criptografia de arquivos.

C. Criar uma política definindo o que é e o que não é permitido em e-mails.

D. Armazenar senhas de gerenciamento de sistema em um cofre.

A. Incorreto. Atribuir informações a um dono é classificação, que é uma medida organizacional.

B. Correto. Trata-se de uma medida técnica que impede que pessoas não autorizadas leiam as informações (§10.1).

C. Incorreto. Essa é uma medida organizacional, um código de conduta que está escrito no contrato de trabalho.

D. Incorreto. Essa é uma medida organizacional.

30 de 40

Os *backups* do servidor central são mantidos na mesma sala trancada que o servidor.

Qual risco a organização enfrenta?

A. Se o servidor falhar, demorará muito tempo até que o servidor volte a ficar operacional.

B. Em caso de incêndio é impossível restaurar o sistema ao seu estado anterior.

C. Ninguém é responsável pelos *backups.*

D. As pessoas não autorizadas têm acesso fácil aos *backups.*

A. Incorreto. Pelo contrário, isso ajudaria a tornar o sistema operante mais rapidamente.

B. Correto. A chance de os *backups* também serem destruídos em um incêndio é muito grande (§11.2.1).

C. Incorreto. A responsabilidade não tem nada a ver com o local de armazenamento.

D. Incorreto. A sala de computadores é trancada.

31 de 40

Que tipo de *malware* cria uma rede de computadores contaminados?

A. Bomba lógica.

B. Storm Worm ou *botnet.*

C. Cavalo de Troia.

D. Spyware

A. Incorreto. Uma bomba lógica nem sempre é um *malware.* É um pedaço de código que é incorporado em um sistema de software.

B. Correto. Um *worm* é um pequeno programa de computador que se reproduz propositalmente. Cópias do original são espalhadas fazendo uso das facilidades de rede de seu *host* (§12.5.2 e 12.5.7).

C. Incorreto. Um cavalo de Troia é um programa que, além da função que parece desempenhar, realiza propositalmente atividades secundárias, não percebidas pelo usuário.

D. Incorreto. *Spyware* é um programa que coleta informações sobre o usuário do computador e envia essas informações para outra parte.

32 de 40

Dentro de uma organização, o responsável pela segurança detecta que a estação de trabalho de um empregado está infectada com um software malicioso. O software malicioso foi instalado devido a um ataque direcionado de *phishing*.

Qual ação é a **mais** benéfica para prevenir tais incidentes no futuro?

A. Implementar a tecnologia MAC.

B. Iniciar um programa de conscientização de segurança.

C. Atualizar as regras de *firewall*.

D. Atualizar as assinaturas do filtro de spam.

A. Incorreto. MAC trata de controle de acesso; ele não impede que um usuário seja persuadido a executar algumas ações como resultado de um ataque direcionado.

B. Correto. A vulnerabilidade por baixo dessa ameaça é o desconhecimento do usuário. Nesses tipos de ataque, os usuários são persuadidos a executar algum código que viola a política (por exemplo, instalar um software suspeito). Abordar esses tipos de ataque em um programa de conscientização de segurança reduzirá a chance de ocorrer novamente no futuro (§12.4 e §12.5).

C. Incorreto. Apesar de o *firewall* poder, por exemplo, bloquear o tráfego resultante da instalação do software malicioso, ele não ajudará a prevenir que uma ameaça ocorra novamente.

D. Incorreto. O ataque visado não necessariamente faz uso de e-mail. O atacante pode, por exemplo, também usar as mídias sociais e até mesmo o telefone para fazer contato com a vítima.

33 de 40

Você trabalha no departamento de TI de uma empresa de médio porte. Informações confidenciais têm, por diversas vezes, caído em mãos erradas. Isso feriu a imagem da empresa. Você foi convidado a propor medidas de segurança organizacionais para *laptops* na empresa.

Qual é o primeiro passo que você deve tomar?

A. Formular uma política referente à mídia móvel (PDAs, *laptops*, *smartphones*, *pen drives*).

B. Nomear pessoal de segurança.

C. Criptografar *pen drives* e discos rígidos de *laptops*.

D. Estabelecer uma política de controle de acesso.

A. Correto. A política de como usar uma mídia móvel é uma medida organizacional e medidas de segurança para *laptops* podem ser uma obrigação (§6.2.1).

B. Incorreto. A nomeação de funcionários de segurança é uma medida técnica. Quando alguém leva um *laptop* para fora do escritório o risco de fuga de informações continua.

C. Incorreto. A criptografia dos discos rígidos dos *laptops* e dos *pen drives* é uma medida técnica. Isso pode ser realizado com base em uma medida organizacional.

D. Incorreto. A política de controle de acesso é uma medida organizacional que abrange apenas o acesso a edifícios ou sistemas de TI.

34 de 40

Qual é o nome do sistema que garante a coerência da segurança da informação na organização?

A. Sistema de gerenciamento da segurança da informação (*Information Security Management System* – ISMS).

B. Rootkit.

C. Regulamentos de segurança para informações especiais do governo.

A. Correto. O ISMS é descrito na ISO/IEC 27001 (§5.1.1).

B. Incorreto. Um *rootkit* é um conjunto malicioso de ferramentas de software frequentemente usadas por terceiros (geralmente um *hacker*).

C. Incorreto. Esse é um conjunto governamental de regras sobre como lidar com informações especiais.

35 de 40

Como se chama "estabelecer se a identidade de alguém é correta"?

A. Autenticação.

B. Autorização.

C. Identificação.

A. Correto. Estabelecer se a identidade de alguém é correta é chamado de autenticação (§9.2).

B. Incorreto. Quando são dados direitos de acesso a um computador ou rede, chamamos de autorização.

C. Incorreto. Identificação é o processo de fazer uma identidade ser conhecida.

36 de 40

Por que é necessário manter um plano de recuperação de desastres atualizado e testá-lo regularmente?

A. A fim de ter sempre acesso a *backups* recentes que estão localizados fora do escritório.

B. Para poder enfrentar falhas que ocorrem diariamente.

C. Porque, de outra forma, no caso de uma interrupção de grande escala, as medidas adotadas e os procedimentos planejados para incidentes podem não ser adequados ou podem estar desatualizados.

D. Porque isso é requerido pela legislação de proteção de dados pessoais.

A. Incorreto. Essa é uma das medidas técnicas tomadas para recuperar um sistema.

B. Incorreto. Para interrupções normais, as medidas normalmente tomadas e os procedimentos de incidente são suficientes.

C. Correto. Uma perturbação de grande escala requer um plano atualizado e testado (§17.1.1 e §17.2).

D. Incorreto. A legislação relativa à proteção de dados pessoais envolve a privacidade dos dados pessoais.

37 de 40

Com base em qual legislação uma pessoa pode solicitar a inspeção dos dados que foram registrados sobre ela?

A. Legislação sobre registros públicos.

B. Legislação sobre proteção de dados pessoais.

C. Legislação de crimes computacionais.

D. Legislação de informações governamentais (acesso público).

A. Incorreto. A legislação relativa aos registros públicos regula o armazenamento e a destruição de documentos arquivados.

B. Correto. O direito de inspeção é regulado pela legislação sobre proteção de dados pessoais (§ 18.1.4).

C. Incorreto. A legislação sobre de crimes computacionais torna mais fácil lidar com as infrações cometidas através da tecnologia da informação avançada. Um exemplo de um novo delito é um *hacker* atacar um computador.

D. Incorreto. A legislação de acesso público a informações governamentais regula a inspeção de documentos governamentais escritos. Dados pessoais não são documentos governamentais.

38 de 40

Qual das opções a seguir é um ato legislativo ou regulatório relacionado à segurança da informação que pode ser imposto a todas as organizações?

A. Direitos de propriedade intelectual.

B. ISO/IEC 27001:2013.

C. ISO/IEC 27002:2013.
D. Legislação sobre proteção de dados pessoais.

A. Incorreto. Esse regulamento não está relacionado à segurança da informação para as organizações.
B. Incorreto. Essa é uma norma com diretrizes para organizações acerca de como lidar com a implementação de um processo de segurança da informação.
C. Incorreto. Essa norma, também conhecida como "código de práticas para a segurança da informação", contém orientações para a política e as medidas de segurança da informação.
D. Correto. Todas as organizações devem ter uma política e procedimentos para a proteção de dados pessoais, os quais devem ser conhecidos por todos os que processam dados pessoais (§18.1.5).

39 de 40

Você é o proprietário da empresa de entregas SpeeDelivery. Você emprega algumas pessoas que, enquanto esperam para fazer uma entrega, podem realizar outras tarefas. Você percebe, no entanto, que eles usam esse tempo para enviar e ler o seu e-mail privado e navegar na internet.

Em termos legais, de que **melhor** forma o uso da internet e das facilidades do e-mail pode ser regulamentado?

A. Instalando uma aplicação que torna certos *websites* não mais acessíveis e que filtra anexos em e-mails.
B. Elaborando um código de conduta para o uso da internet e do correio eletrônico, no qual são estabelecidos os direitos e as obrigações tanto do empregador como dos funcionários.
C. Implementando regulamentos de privacidade.
D. Instalando um antivírus.

A. Incorreto. A instalação desse tipo de software regula parcialmente o uso da internet e de e-mails. Ele não regula o tempo gasto em uso privado. Trata-se de uma medida técnica.

B. Correto. Em um código de conduta, o uso da internet e do e-mail pode ser documentado, quais sites podem ou não ser visitados e em que medida o uso privado é permitido. Esses são regulamentos internos (texto da introdução do Capítulo 7).

C. Incorreto. Regulamentos de privacidade só regulam o uso de dados pessoais de funcionários e clientes, não o uso da internet e de e-mail.

D. Incorreto. Um antivírus verifica os e-mails que chegam e as conexões de internet em relação a softwares maliciosos. Ele não regula o uso da internet e do e-mail. É uma medida técnica.

40 de 40

Em que condições um empregador é autorizado a verificar se a internet e os serviços de e-mail estão sendo utilizados, no local de trabalho, para fins privados?

A. O empregador é autorizado a verificar se, após cada verificação, o funcionário for informado.

B. O empregador é autorizado a verificar se os funcionários estiverem cientes de que isso pode ocorrer.

C. O empregador é autorizado a verificar se também houver um *firewall* instalado.

A. Incorreto. O empregado não precisa ser informado após cada verificação.

B. Correto. Os funcionários devem saber que o empregador tem o direito de monitorar o uso dos serviços de TI (texto de introdução do Capítulo 7).

C. Incorreto. Um *firewall* protege contra intrusos externos. Isso não influencia o direito do empregador de monitorar o uso de serviços de TI.

Apêndice C.3. Gabarito

A tabela a seguir mostra as respostas corretas para as questões do simulado.

Número	Resposta	Pontos		Número	Resposta	Pontos
1	B	1		21	C	1
2	A	1		22	B	1
3	B	1		23	C	1
4	C	1		24	C	1
5	B	1		25	B	1
6	B	1		26	B	1
7	D	1		27	B	1
8	B	1		28	B	1
9	D	1		29	B	1
10	A	1		30	B	1
11	A	1		31	B	1
12	C	1		32	B	1
13	C	1		33	A	1
14	D	1		34	A	1
15	B	1		35	A	1
16	C	1		36	C	1
17	B	1		37	B	1
18	A	1		38	D	1
19	A	1		39	B	1
20	B	1		40	B	1

Apêndice D. Sobre os Autores

Os autores são todos membros da Plataforma Holandesa para a Segurança da Informação e visam tornar o campo da segurança da informação mais acessível para os especialistas em segurança da informação e para o pessoal departamental que está apenas começando.

Hans Baars, CISSP, CISM, trabalhou como oficial de segurança da informação e auditor EDP na Polícia Nacional holandesa de 1999 a 2002. Em 2002 se tornou consultor de segurança na Agência Nacional de Serviços de Polícia da Holanda. Nessa função, participou da formulação da política de segurança da informação da polícia holandesa. A partir de 2006 ele trabalhou como consultor de segurança, período em que aconselhou o governo e empresas comerciais sobre como conceber a sua segurança física e da informação. A partir de 2009, ele foi o Chefe da Segurança da Informação na Enexis BV, uma empresa de gás e energia elétrica na Holanda. Atualmente ele trabalha como consultor de segurança cibernética na DNV GL, uma empresa especializada de consultoria voltada para serviços públicos com foco particular na segurança dos sistemas de controle industrial.

Kees Hintzbergen é consultor sênior, autônomo, de segurança da informação. Kees possui mais de 30 anos de experiência em TI e no provisionamento de informações, e trabalha na área de segurança da informação desde 1999. Em sua vida cotidiana Kees é um consultor, instrutor e "exemplo", onde emprega o "método de senso comum". Graças à sua experiência e integridade, ele tem sido bem-sucedido com vários empregos. Desde 2012 ele está envolvido no desenvolvimento de uma Base para Segurança da Informação, com base na ISO/IEC 27001 e na ISO/IEC 27002 (versões de 2005 e 2013), para municípios holandeses. Tem também prestado apoio em torno da implementação de tal Base, desenvolvendo produtos adicionais para apoiar a sua implementação e montando uma equipe de suporte que fornece respostas de segurança aos municípios holandeses. Ele também participou ativamente na criação de um CERT para os municípios holandeses.

Jule Hintzbergen, CISSP CEH. Depois de trabalhar inicialmente por 21 anos no Ministério da Defesa, Jule trabalha desde 1999 na Capgemini como consultor de segurança cibernética. Ele possui mais de 30 anos de experiência em TI e passa a maior parte do seu tempo lidando com segurança da informação. Trabalhou em várias funções na área de gerência de projetos, gestão da informação, segurança física e da informação e biometria. Desde 2003, Jule é certificado CISSP em ISC2 e desde 2013 é certificado CEH (*Certified Ethical Hacker*). Desde 2012 ele está envolvido no desenvolvimento de uma Base para Segurança da Informação, com base na ISO/IEC 27001 e na ISO/IEC 27002 (versões de 2005 e 2013), para municípios holandeses. Tem também prestado apoio em torno da implementação de tal Base, desenvolvendo produtos adicionais para apoiar a sua implementação e montando uma equipe de suporte que fornece respostas de segurança aos municípios holandeses.

André Smulders (CISSP) é consultor de negócios, voltado para segurança da informação e gestão de riscos, na TNO. Quando André concluiu seus estudos em Gestão de Tecnologia na Universidade de Eindhoven, ele começou a trabalhar em projetos inovadores de TIC. A partir de 2000 ele começou a se especializar na área de segurança da informação e gerenciamento de riscos. Em sua função atual, ele apoia organizações, tanto do setor público quanto do privado, no gerenciamento de riscos em ecossistemas complexos em rede. Sobre esse tema, ele é coautor do livro "Networked Risk Management: how to successfully manage risks in hyperconnected value networks".

Posfácio da Edição Brasileira

Como discutimos no prefácio, a área da Segurança da Informação é, possivelmente, aquela em que as certificações profissionais atingiram o maior patamar de relevância no mercado. Tais certificações valorizam o currículo do profissional, atestando que ele possui conhecimento ou experiência nos assuntos contemplados pelo conteúdo programático da certificação obtida. Entretanto, nem sempre é claro o conjunto exato de certificações adequadas a um profissional, dependendo das atividades que ele pretende exercer – grande parte dos profissionais têm dificuldade para determinar quais certificações seriam mais apropriadas para levá-lo à posição/cargo que deseja alcançar. Para auxiliar profissionais de segurança da informação na escolha das certificações adequadas a cada perfil e que valorizem, de fato, o currículo, a Clavis desenvolveu um *roadmap* que tira vantagem do melhor de cada certificação disponível no mercado. O *roadmap* está organizado em quatro trilhas, de acordo com o perfil e a perspectiva de carreira de cada profissional: Teste de Invasão, Computação Forense, Gestão de Segurança e Desenvolvimento Seguro. É importante enfatizar a importância do curso de Fundamentos de Segurança da Informação – *EXIN Information Security Foundation* – como um importante passo inicial para garantir que os conceitos básicos de Segurança da Informação serão adequadamente dominados pelo profissional que segue carreira na área. Trata-se exatamente do conteúdo que foi apresentado no presente livro e cujo domínio é obrigatório para qualquer profissional de Segurança da Informação, independentemente do perfil e da área de atuação.

O passo seguinte na formação do profissional de Segurança da Informação é o treinamento CompTIA Security+. Trata-se de uma formação que ainda aborda conceitos fundamentais, mas com linguagem, rigor e formalismo mais avançados.

Uma vez dominados os conteúdos das certificações EXIN *Information Security Foundations* e CompTIA Security+, o profissional está pronto para seguir uma ou mais trilhas de certificações que julgue interessante.

Nas próximas páginas, apresentaremos mais detalhes sobre as principais certificações disponíveis para o profissional de Segurança da Informação.

EXIN *Information Security Foundation*

De acordo com a norma ISO/IEC 27001, a segurança da informação é a proteção das informações de uma grande variedade de ameaças com o objetivo de assegurar a continuidade do negócio e maximizar o retorno sobre os investimentos e as oportunidades de negócios.

Portanto, é natural que as organizações estejam empenhadas em proteger melhor as suas informações, em particular aquelas classificadas como sensíveis, seja fornecendo treinamento adequado a seus colaboradores ou captando profissionais que já possuem treinamento e conscientização no que se refere à Segurança da Informação. Nesse sentido, o curso *Information Security Foundation* possibilita a compreensão de diversos aspectos importantes em Segurança da Informação, aumenta a conscientização de que as informações são valiosas e vulneráveis, e provê o entendimento das medidas de segurança que precisam ser adotadas para protegê-las.

O curso *Information Security Foundation* é homologado pela EXIN e prepara o aluno para a certificação EXIN *Information Security Foundation (based on ISO/IEC 27001)*, ponto de partida para as demais certificações em Segurança da Informação.

Durante o treinamento preparatório para a certificação *Information Security Foundation*, o aluno vai se familiarizar com um conjunto de termos comuns à área de Segurança da Informação e que fazem parte do escopo do exame, além de receber capacitação em tópicos correspondentes aos requisitos do exame, como conceito e valor da informação, aspectos de confidencialidade, definição de ameaça e risco, e o relacionamento entre ameaças, riscos e confiabilidade da informação, entendimento sobre política de segurança e organização de segurança, gerenciamento de incidentes, medidas de segurança física, técnica e organizacional, leis e regulamentos.

O certificado *Information Security Foundation* é o ponto de partida para os certificados *Information Security Management Professional* e *Information Security Management Expert*. Esses três módulos dentro do programa são baseados no padrão internacional da ISO/IEC 27001.

O EXIN *Information Security Foundation (based on ISO/IEC 27001)* faz parte do programa *EXIN Information Security Management Based on ISO/IEC 27001* e é um dos pré-requisitos para obter a certificação EXIN *Certified Integrator Secure Cloud Services.*

CompTIA Security+

A CompTIA Security+ é uma certificação internacional que demonstra competência em: segurança de redes; conformidade e segurança operacional; ameaças e vulnerabilidades; segurança de aplicações, dados e estações; controle de acesso e gerência de identidade; e criptografia. Ela garante que os candidatos não estarão somente aptos a aplicar os conhecimentos de conceitos, ferramentas e procedimentos de segurança para reagir a incidentes de segurança, como também estarão aptos a antecipar riscos de segurança, sendo capazes de tomar as medidas proativas necessárias.

Em fevereiro de 2016, a CompTIA começou a oferecer uma versão em português do exame. Como material preparatório, também em português, há o livro "Certificação Security+ Da Prática Para o Exame SY0-401", da editora Nova Terra, cujos autores são Yuri Diógenes e Daniel Mauser.

A atual edição do livro teve o patrocínio da Clavis Segurança da Informação. A Academia Clavis ministra também um treinamento preparatório para a certificação, em que o instrutor é o próprio autor do livro, Yuri Diógenes. O material utilizado no treinamento é a nova edição do livro, ofertada aos alunos inscritos.

CEH (*Certified Ethical Hacker*)

No mercado de Segurança da Informação, a certificação *Certified Ethical Hacker* (CEH), da EC-Council, é umas das principais certificações internacionais e tem sido uma certificação de normalização. O programa de treinamento CEH tem sido amplamente utilizado pelo Pentágono a fim de treinar os profissionais que atuam na área de defesa de redes, como parte da Diretiva 8570 do Departamento de Defesa norte-americano.

O programa CEH da EC-Council certifica indivíduos especificamente na disciplina do "*hacking* ético" em segurança de rede, utilizando uma perspectiva *vendor neutral*, ou seja, que não enfoca uma tecnologia específica, evitando restringir os horizontes do profissional. O *Ethical Hacker* é um profissional dotado de habilidades para encontrar as vulnerabilidades e fraquezas dos sistemas, utilizando os mesmos conhecimentos, ferramentas e metodologias empregados por um atacante malicioso. Aborda tópicos como: criptografia, engenharia social, testes de invasão, injeção de códigos SQL, dentre outros.

A Academia Clavis ministra o treinamento oficial da EC-Council, onde são abordados assuntos como proteção de perímetros, análise e ataque de redes, como intrusos obtêm privilégios em uma rede e passos que devem ser seguidos para proteger um determinado sistema, além de detecção de invasões, criação de políticas de segurança, engenharia social, ataques DDoS e criação de vírus.

CHFI (*Computer Hacking Forensic Investigator*)

Computer Hacking Forensic Investigator (CHFI), da EC-Council, é uma certificação que prepara o profissional para detectar ataques e extrair adequadamente as evidências para a comprovação do crime cibernético, assim como a condução de auditorias que visam prevenir futuros incidentes. *Computer forensics* é simplesmente a aplicação de investigações cibernéticas e técnicas de análises com o fim de determinar a evidência legal. A evidência pode ser classificada dentro de uma ampla gama de crimes digitais, incluindo, dentre outros, o roubo de segredos comerciais, espionagem corporativa, destruição ou uso indevido de propriedade intelectual, sabotagem, fraude e mau uso de programas e sistemas. O treinamento oficial da EC-Council aborda 65 diferentes módulos.

ECSA (*EC-Council Security Analyst*)

A certificação *EC-Council Security Analyst* (ECSA) complementa a certificação *Certified Ethical Hacker* (CEH) com foco na análise dos dados obtidos em um teste de invasão. O profissional certificado CEH e ECSA estará apto a se certificar como *Licensed Penetration Tester* (LPT). Essa certificação possui como público-alvo administradores de redes, analistas de segurança, auditores de sistemas, profissionais em análise de riscos e auditores de segurança (Fonte: Clavis Segurança da Informação).

A Academia Clavis ministra o treinamento oficial, preparatório para este exame de certificação, com cinco dias de aulas destinadas a ensinar aos profissionais de segurança o uso avançado das metodologias disponíveis, ferramentas e técnicas necessárias para realizar testes abrangentes de segurança da informação, todos focados para a prova de certificação. Os estudantes aprenderão como projetar, proteger e testar redes a fim de proteger uma organização contra possíveis ameaças. Além de aprender a identificar problemas de segurança, os alunos também aprenderão como os evitar e os eliminar.

CISM (*Certified Information Security Manager*)

A certificação CISM (*Certified Information Security Manager*) foi conquistada por mais de dez mil profissionais ao redor do mundo desde 2003. CISM é para profissionais que projetam, dirigem e avaliam os programas de segurança de informação de corporações (Fonte: Clavis Segurança da Informação). A CISM é hoje a principal certificação em segurança da informação, por ser destinada especificamente aos profissionais que visam atuar ou já atuam na gestão de segurança da informação.

O exame aborda os seguintes módulos de gerenciamento de Segurança da Informação:

1. **Governança de Segurança da Informação** (24%) - O objetivo deste módulo é estabelecer e manter uma estrutura de governança de segurança da informação e processos que garantem o alinhamento da segurança da informação estratégica com as metas e os objetivos da organização.
2. **Gestão de Risco e Conformidade** (33%) - Este módulo visa efetuar o gerenciamento de riscos a fim de atingir um nível de segurança aceitável, atendendo ao negócio e às necessidades de conformidade da organização.
3. **Programa de Gestão e Desenvolvimento da Segurança da Informação** (25%) - Este módulo tem por objetivo estabelecer e gerenciar o programa de segurança da informação.
4. **Gestão de Incidentes de Segurança da Informação** (18%) - O objetivo deste módulo é planejar, estabelecer e gerenciar a capacidade de detecção, investigação, resposta e recuperação de incidentes de segurança, minimizando o impacto ao negócio.

CISSP (*Certified Information Systems Security Professional*)

Esta foi a primeira certificação na área de Segurança da Informação a atender aos rigorosos requisitos da norma ISO/IEC 17024 e é uma das certificações mais cobiçadas pelos profissionais na área de segurança da informação.

Um certificado CISSP é um profissional de segurança da informação que define arquitetura, design, gestão e/ou controles que garantem a segurança de ambientes corporativos. A vasta amplitude de conhecimentos e experiências necessários para aprovação no exame é o que diferencia um CISSP. A credencial demonstra um nível reconhecido globalmente de competência fornecido pelo CBK® do ISC²®, que cobre tópicos críticos em segurança, incluindo os atuais, como computação em nuvem, segurança móvel, segurança no desenvolvimento de aplicativos, gestão de riscos, dentre outros. Conheça o treinamento preparatório ministrado pela Academia Clavis Segurança da Informação.

Para obtê-la, são necessários ao menos cinco anos de experiência profissional em dois ou mais domínios dos dez listados no CBK® da ISC². Os candidatos que possuem um diploma universitário têm o requisito diminuído em um ano, sendo necessário comprovar quatro anos de experiência.

Os dez domínios CISSP contidos no CBK® são:

1. Controle de acesso.
2. Segurança de telecomunicações e redes.
3. Governança de segurança da informação.
4. Segurança no desenvolvimento de software.
5. Criptografia.
6. Arquitetura e design de segurança.
7. Segurança de operações.
8. Continuidade dos negócios e planejamento para recuperação de desastres.
9. Jurídico, regulamentos, investigações e conformidade.
10. Segurança física (ambiental).

CISSP – ISSAP (*Information Systems Security Architecture Professional*)

Esta certificação é uma especialização da CISSP, sendo necessária a obtenção da anterior e mais dois anos de experiência na área de arquitetura.

CISSP - ISSEP (*Information Systems Security Engineering Professional*)

Esta outra especialização foi criada em conjunto com a NSA (*National Security Agency*), dos EUA, fornecendo um instrumento valioso para os profissionais que atuam na área de engenharia de Segurança da Informação.

CISSP - ISSMP (*Information Systems Security Management Professional*)

A especialização ISSMP (*Information Systems Security Management Professional*) exige dois anos de experiência na área de gestão de Segurança da Informação. Possui elementos mais aprofundados em gestão, como gerenciamento de riscos, gestão de projetos, dentre outros. O profissional que possui a certificação estará apto a construir *frameworks* de Segurança da Informação e definir meios para apoiar a equipe interna.

CompTIA CSA+ (Analista em Segurança Cibernética da CompTIA)

A certificação Analista em Segurança Cibernética da CompTIA (CompTIA CSA+) é uma certificação internacional que valida conhecimentos e habilidades essenciais que são necessários para evitar, detectar e combater ameaças à segurança cibernética. Trata-se de uma certificação com reconhecimento mundial, sendo acreditada pela ISO/ANSI 17024.

A certificação aborda os tópicos:

- Gestão de ameaças.
- Gestão de vulnerabilidades.
- Resposta a incidentes.
- Segurança e ferramentas de arquitetura.

O curso é recomendado para profissionais da área de Segurança da Informação e Tecnologia da Informação que estejam em busca da renomada certificação CompTIA CSA+ e para profissionais de TI que estejam em busca de maiores habilidades na área de Segurança da Informação.

A certificação de Analista em Segurança Cibernética (CompTIA CSA+) da CompTIA avalia se os candidatos possuem o conhecimento e as habilidades necessários para configurar e usar ferramentas de detecção de ameaças, executar análise de dados e interpretar os resultados para identificar vulnerabilidades, ameaças e riscos para uma organização. O objetivo do exame é atestar que o profissional é capaz de garantir a segurança e proteger aplicações e sistemas dentro de uma organização.

Índice Remissivo